幼儿深度学习——面向未来的学前教育丛书
叶平枝　主编

DEEP LEARNING

幼儿深度学习的典型案例分析

覃文希　刘　宁　主编
黄　菲　耿世恺　副主编

教育科学出版社
·北　京·

从书序一

当今世界正处于转折时期，社会对儿童和教育系统的要求正在发生改变。过去，教育的目标是教给儿童知识。而现在，教育的目标是确保儿童形成扎实的能力，使他们能够在日益变化的世界中找到自己的方向，应对快速变化的社会，胜任还未出现的职业，使用还没有被发明的技术，解决我们还不知道将要发生的问题。因而，在全球教育都在走向新方向的今天，我们必须正视个人素质的重构。这种应对未来的重构意识，使得我们不得不关注儿童该如何学习的问题。

从学前教育改革和发展的进程来看，学界越来越重视儿童的学习，幼儿园教育由关注单一知识向关注生活与经验转变，由关注物质向关注互动转变，由关注学什么向关注怎么学转变。这些转变让人感到欣喜，因为这意味着我们关注到了儿童，关注到了儿童特殊的心理发展特点和需要，关注到了儿童学习发生和发展的过程，同时也使得我们更加基于儿童发展需求去考虑教师支持和鹰架的有意义策略。这也正是近年来深度学习越来越受到广大学者重视的重要原因之一。这种重视实则是出于对儿童这一精神个体学习过程的关注，是对其所获得的成长的关切。

叶平枝教授带领的研究团队，既有来自广州大学、河南大学、北京师范大学、华南师范大学和广东第二师范学院等院校的理论工作者，也有来自学前教育一线的知名教研员、园长和骨干教师。他们长期聚焦于幼儿的深度学习研究，在园所展开了大量有益实践，并获取了相当多鲜活的案例。团队编撰的有关幼儿深度学习的系列丛书，相信会助推和深化幼儿深度学习的研究，给一线教育工作者启发。

幼儿的深度学习是幼儿作为一个精神生命在自我探寻的过程中由内而外地组建他所能够获得的外界信息，在自己的主动推动与教师或所处的环境和规则的引导下，获得有意义成长的一种学习策略。希望更多的幼儿园教师具有深度学习能力，更多的幼儿能够打好深度学习的基础，为未来做准备，获得受益终身的学习力。

侯莉敏

广西师范大学

丛书序二

19世纪中叶，斯宾塞发出“什么知识最有价值”的课程之问，指出教育的目的是为“完满的生活”做准备，“完满的生活”就是“幸福的生活”，而幸福生活的获得有赖于最有价值的知识——科学。将近200年过去了，科学以惊人的速度发展着。如果说教育的目的是为“完满的生活”“幸福的生活”做准备，那么我们该怎样为未来做好准备，怎样为幼儿的未来做好准备？可以说，当今时代对于教育的挑战是空前的。

在思考如何应对未来世界挑战的过程中，教育研究有两个重要进展：一是对未来准备目标和内容的研究，即“核心素养”的研究与实践；二是对教育方式的研究，即“深度学习”的研究与实践。1997年，经济合作与发展组织提出了核心素养的结构模型，不仅掀起核心素养改革浪潮，还使核心素养成为教育改革的焦点。《中国学生发展核心素养》将中国学生发展的核心素养分为三个维度，综合表现为六大素养。“核心素养是学生在接受相应学段的教育过程中，逐步形成的适应个人终身发展和社会发展需要的必备品格和关键能力。”① 让学习者获得核心素养，必须将知识的学习转化为智慧和能力的学习，深度学习就成为必然选择。所谓深度学习就是学习

① 林崇德. 中国学生核心素养研究［J］. 心理与行为研究，2017（2）：145.

者以解决问题和发展高阶认知为目的，积极主动地运用综合知识和经验解决问题、建构认知的过程。“深度学习”概念虽然是国外学者于1976年提出的，但“授人以鱼不如授人以渔”的“渔”追求，中国古已有之，有意义的学习、有效的学习，均与深度学习的追求暗合。

在学生核心素养和深度学习研究如火如荼之时，学前教育也在进行着静悄悄的革命。《3—6岁儿童学习与发展指南》虽然没有提“核心素养”，但其对幼儿“应知应会”的选择、对幼儿关键知识和关键经验的确定都是核心素养的研究旨归。冯晓霞教授较早提出了“幼儿区域活动中的深度学习”，推动了我国幼儿深度学习的研究。深度学习与核心素养（或者说“关键经验”）是相辅相成的。核心素养是为完满生活和幸福生活做准备，而要获得核心素养，必须让幼儿深度学习，获得真正的学习力，将知识转化为素养或能力。学习不仅仅是知识的学习，更是围绕着知识进行探索，获得学习力和创新力等未来社会与个人终身发展必需的关键能力、个性品质及道德品质。我们的研究以已有研究为基础，努力体现以下三个特点。

前瞻性。面对新时代和未来世界的复杂性和多变性，我们认为学前教育与中小学教育一样，都应该进行朝向深度学习的教育改革，使幼儿在游戏和探究活动中发展好奇心和探究能力，主动、积极地解决问题，发展计划性、反思能力和问题解决能力。深度学习既是对社会环境变革的回应，也是学习本质的回归。我们的研究从幼儿深度学习课程设计和教育支持、游戏中的深度学习、区域活动中的深度学习、教学中的深度学习、一日生活中的深度学习与幼儿深度学习评价等方面，对幼儿深度学习进行理论和实践的探索。

统整性。我们倡导深度学习是回归学习本质的学习，力图从幼儿深度学习角度统整课程、游戏和教学的理论与实践：①确定幼儿应知应会的关键经验和核心素养；②整合我国综合主题课程改革和国外著名课程模式研究的经验，确定实施模式；③根据深度学习理论和学习机制的多学科研究成果，确定教育支持的方法与策略；④探索幼儿深度学习的评价模式和方法。我们的研究努力做到本土课程与国外先进课程的统整、教师主体与幼儿主体的统整、预设与生成的统整、游戏与课程的统整。

操作性。我们的研究既不是理论上的设想和推演，也不是单纯的实践探索，而是理论和实践的真正结合。我们对深度学习的理论研究历时多年，也进行了持久的实践探索，正式实验也有多年时间。经过理论与实践的持续对话，我们较好地解决了课程教学碎片化、知识与经验对立、预设与生成割裂等问题，力图使理论变得更有解释力和迁移力，使方法与策略具有较强的可操作性。本丛书的许多案例来自实验园的实践成果，说明这样的改革不仅是必要的，也是可行的。

我们深深知道，没有研究者和实践者的卓越探索与实践智慧，就不可能有本套丛书。我们借鉴了前人的大量智慧，在此表示深深的谢意，也希望通过一系列抛砖引玉的研究，启发更多理论和实践工作者加入对深度学习的探索。我们也将以开放的态度欢迎大家批评指正，共同为幼儿未来幸福和完满生活打下坚实的基础。

广州大学

目　录

小　班

拯救小蚯蚓

案例导读

拯救小蚯蚓——让偶发兴趣转化为持续探究

雨后的室外，幼儿发现了大量爬上地面的蚯蚓，他们停下脚步，感到好奇、惊讶，本能地想要“拯救”这些小生物。这一场景在幼儿园里并不罕见，但如何将幼儿的偶发兴趣转化为一场持续而深入的探究？本案例展现了教师如何巧妙地捕捉幼儿的提问，并通过问题引导、实验探索，支持幼儿从单纯的生命关怀转向更深层次的科学思考。最终，幼儿不仅了解了蚯蚓的生存环境和生活习性，还学会了观察、假设和验证，发展了科学思维能力。

一、故事的生成

一夜大雨过后，幼儿踏着清晨的阳光来到了幼儿园，他们发现幼儿园的地面上有许多蚯蚓，或死或伤，他们停下脚步，努力地搜寻着其中的“幸存者”。“这些小蚯蚓为什么会受伤呢？”诚诚问道。“它们看上去好疼啊！”诺诺感慨道。曦曦猜想：“是不是它们跑到路中间，被人踩伤了啊？”康康提出：“它们还没死，我们救救它们吧！”幼儿你一言我一语地谈论着。

康康提出想帮助幸存的小蚯蚓后，其他幼儿纷纷表示赞同。幼儿对蚯蚓的关切也引发了我的关注，我想，这不就是一个难得的开展生命教育的机会吗？我决定以此为起点，和幼儿一起开启一段关于生命的探索之旅。

二、故事的发展

1. 观察蚯蚓

我为幼儿找来了一些纸杯，他们想办法帮助还有“行动能力”的小蚯蚓爬进了纸杯，把它们带离了危险的地方。对于“存活”和“死去”的概念，幼儿有着简单的判断标准——能不能动。能动的蚯蚓，显然是还活着。对于不能动的，幼儿用小木棍轻轻拨弄了几下，确认蚯蚓真的不能动了，他们才放弃。

酷似小蛇的蚯蚓吸引了幼儿全部的注意力，胆子比较大的幼儿鼓起勇气，小心翼翼地伸手触摸蚯蚓的身体，并随着它的扭动发出一阵阵尖叫声。“它的身体软软的，还有点黏黏的！”“哪里是它的尾巴啊？怎么它的两头看上去都一样？” “不是的，你看这边有个地方比较‘胖’。”幼儿观察着蚯蚓身体的细节。

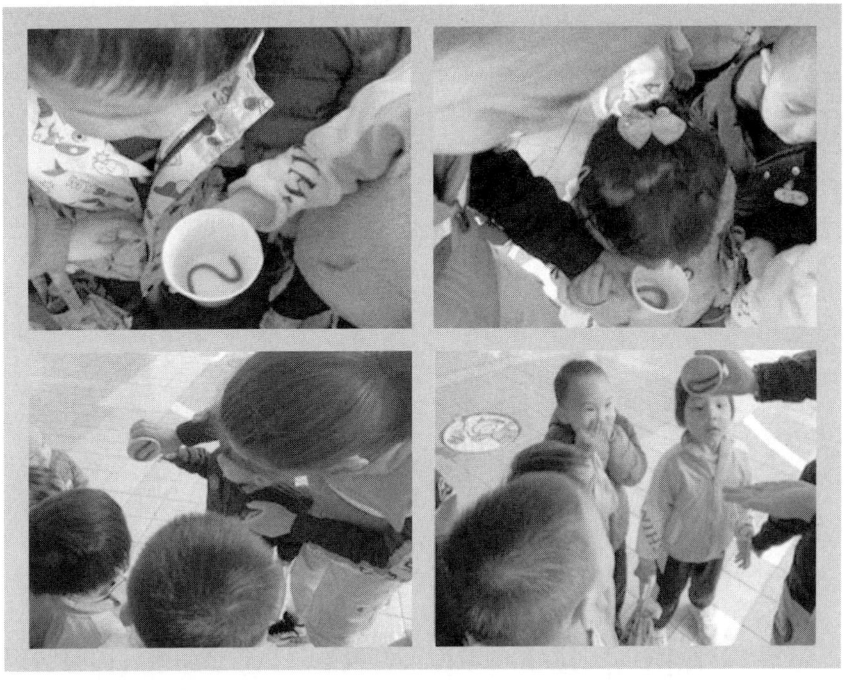

2. 探究蚯蚓为什么跑到地面上

幼儿愿意观察并提问说明他们有兴趣，但是怎样将兴趣转化为深度学习的起点呢？

我决定提出一个驱动性问题：“平时我们很少看见蚯蚓，为什么下雨后蚯蚓不躲在地下，却要跑出来冒险呢？”这个问题将幼儿带入生命探究的第一个重要内容——生命的生存条件。这个问题来自可见的现象，可以扩展到更宽广的领域，能够帮助幼儿建立关键经验，关键经验迁移的空间也很大。

通过对地面的实地观察，幼儿找到了一个重要的线索——“有没有水”是雨前和雨后地面的区别。我提供了材料，支持幼儿验证他们的猜测——蚯蚓不喜欢水。

当幼儿把蚯蚓放到有水的小盘子里，蚯蚓很快就移动到岸上“逃生”了。

幼儿发现了一个有趣的秘密——原来下雨后，蚯蚓是因为不喜欢土壤里有太多水才爬到地面上的。

借着这个时机，我又找来了相关的图画书《没见过太阳的蚯蚓》，和幼儿一起了解蚯蚓喜欢生活的地方。

3. 给蚯蚓安置新家

鉴于这段时间我们所在的城市正值雨季，幼儿想到蚯蚓随时会因下雨爬到地面上，很容易被踩伤，于是他们提议在班上的动物角给蚯蚓安置一个新家。

如何为蚯蚓“置家”？这是一个新的问题，我认为这也是个很棒的驱动性问题。幼儿说需要泥土，我们就一起来到了种植园。很快，幼儿发现，有干、湿两种土，他们提出了疑问：“小蚯蚓喜欢住在什么样的泥土里呢?”

我提醒幼儿回想一起读过的图画书，他们想到书里提到蚯蚓平时住在地底下。那么，只要知道地底下的土是干的还是湿的就可以了。幼儿来到户外，找到一块土地，并向地下挖了挖，发现地底下的泥土是湿湿的。我建议他们再去干一点的地方挖一挖，看看地底下的泥土是什么样的。他们又来到有屋檐遮蔽的土地上，向下挖了挖，泥土依旧是湿湿的，但是没有刚刚看到的那么湿。

幼儿讨论后决定把收集到的土混在一起，搅拌成不干又不太湿的新泥土，他们凭借着自己的直觉调整着“变量”。

贝贝：“干的泥土摸上去松松的。”

奕奕：“湿的泥土可以捏成一团。”

康康：“这两种泥土我们都拿点。”

之之：“搅拌在一起就不干又不太湿了。”

4. 了解蚯蚓的食物

就这样，小蚯蚓在我们班住下来了。动物角里的其他小动物都有自己的食物，那小蚯蚓要吃什么呢？幼儿又有了新疑问。说实话，这个问题的答案我也不知道。“谁可以帮助我们寻找答案呢？”我反问道。最后，幼儿决定回家寻求爸爸妈妈的帮助。

为了让家长更加支持幼儿的“工作”，我在班级群里把幼儿和小蚯蚓之间发生的故事告诉了家长。家长发觉，自己以为的“瞎玩”原来蕴含着这么多的学习契机。家长践行教育的同行者，通过查资料、带幼儿去实地考察、阅读相关的图画书、询问专业人士等方式帮助幼儿收集信息，使幼儿了解到蚯蚓喜欢吃腐烂的植物。于是，幼儿给蚯蚓找来了腐烂的树叶、枯草、蔬菜碎屑、瓜果皮等。

5. 把蚯蚓送回“家”

原本，我们以为小蚯蚓会在班上生宝宝，这样我们就会有一个蚯蚓的大家族。直到有一天，发生了一件令人难过的事，也是这件事让我们探寻了生命教育的本质。

一天，幼儿发现一条小蚯蚓不知什么时候被卡在透明盒子的透气缝里，进退两难，最终死去了。对于小蚯蚓的离去，幼儿很伤心，同时也充满了困惑——我们给小蚯蚓安置了新的家，也给小蚯蚓找来了食物，为什么小蚯蚓还是要离开？

面对生命的逝去，我问了一个问题：“小蚯蚓是不是不喜欢这里？我们怎样做才是真正的保护它们呢？”这个问题同样被幼儿带回了家。回园后，幼儿分享了和爸爸妈妈讨论的结果，最后大家一致决定，把小蚯蚓送回大自然，送回真正属于它们自己的家。离别时刻，幼儿不停地叮嘱小蚯蚓要注意安全，也表示自己以后会提醒爸爸妈妈，大雨过后要留意道路上是不是有小蚯蚓，不要踩伤它们。这一刻，我知道，幼儿正在吸收着生命教育的营养——应该对生命报以尊重，而不是以保护为名进行圈养。

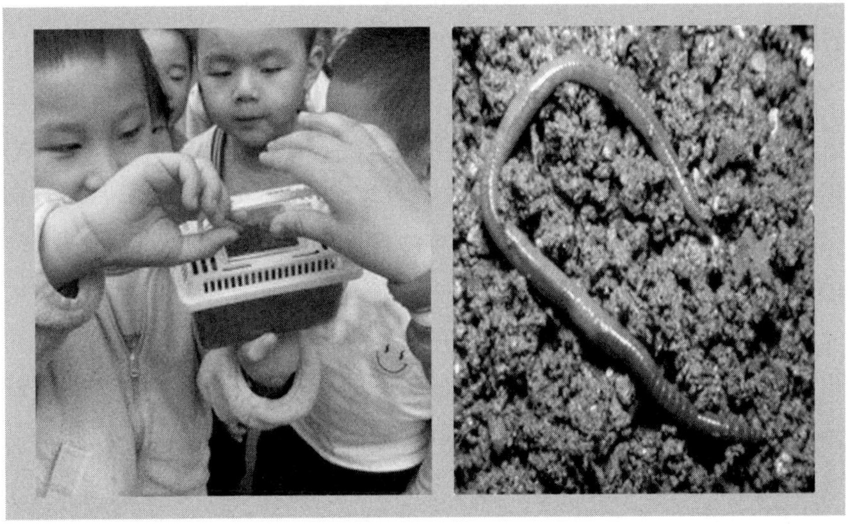

三、教师反思

虞永平教授曾说过，关注生活、关怀生命的幼儿园课程的建构不是为了满足成人的需求，而是为了满足幼儿生命成长的需求，应该以幼儿为出发点，由幼儿参与课程的建构。在拯救小蚯蚓的故事里，幼儿同情、照顾受伤的小蚯蚓，他们在认识生命、感受生命、理解生命的过程中，逐步学习如何真正地关爱和保护动物，欣赏生命的顽强和美好，践行了人与动物和谐共处的理念，他们还带动了家长，一起加入关爱小动物的队伍。

有教师困惑：小班幼儿发现问题、解决问题的能力有限，深度学习在小班能不能发生？我在带小班时，也会因为“替幼儿提出问题”而被质疑越俎代庖。坦白讲，我现在也对这个问题存在困惑。但是我的经验告诉我，只要从幼儿身边发生的事件着手，给予幼儿充分的直接感知、体验的机会，幼儿总会提出有价值的问题，也总能深刻体验到某种情感，这些在我看来都是深度学习的体现。

四、分析与启发

该案例中的教师敏锐地捕捉到了在生命教育中普遍存在的现象——“知行不一”。是啊！这不正是教育浮于表面的一种体现吗？在全球气候变化日益严峻的今天，幼儿对各种生物的食、住、行等习性的探查，会在他们心里播下什么种子？又会在他们长大后结出什么果实？这些问题将我们引向生命教育的目的，也就是我们因何要将幼儿引向对生命的探索。该案例中的教师正是因为带着这个思考，所以在组织和推动整个探究活动的过程中，时刻强化幼儿对蚯蚓生存状态的关注，从观察蚯蚓的“生”与“死”，到救助蚯蚓、安置蚯蚓、喂养蚯蚓，到最后发现保护蚯蚓最好的方式不是圈养，而是让它们回到自己的家园。我特别感动于文中的这段话：“离别时刻，幼儿不停地叮嘱小蚯蚓要注意安全，也表示自己以后会提醒爸爸妈妈，大雨过后要留意道路上是不是有小蚯蚓，不要踩伤它们。这一刻，我知道，幼儿正在吸收着生命教育的营养——应该对生命报以尊重，而不是以保护为名进行圈养。”这让我们看到了生命教育的意义。这一程，幼儿与蚯蚓有了深度的联结，这种知行合一的教育方式不仅能让幼儿对生命有更深刻的理解，更能培养他们的责任心和爱心。

回到教学层面，该案例中的教师提出了自己的一个困惑：在深度学习的过程中，教师能不能代替幼儿提出问题？对于这个问题，总是有不同的声音，尤其是针对小班幼儿。在上述案例中，我们可以看到，教师在很多时机主动地提出问题，通过问题启发幼儿探究的思路，引领幼儿学习的方向。也是因为这个缘故，教师被质疑是否“剥夺”了幼儿自主发现问题的权利，有越俎代庖的嫌疑。

我们可以换个角度思考，“提出问题”这一能力是否也是慢慢发展起来的？好的研究起始于有价值的问题和假设，这个能力不是不经培养就能具备的，教师提问本身就是对如何提问的示范。换言之，学习

“提出问题”是不是可以从模仿提问题、听别人提问题开始？如果答案是肯定的，那么通过“问题由谁提出”来评判幼儿的学习过程是否是有意义的、深度的，就是一个僵化的、死板的标准。深度学习最终体现在师幼共构的、整体的学习生活中，教师既可以通过创设环境、提供情感支持等潜在的、退后的方式参与到幼儿的学习生活中，也可以作为幼儿模仿的对象和幼儿课程的设计者发挥作用。

在确定问题之后，就是对问题的“澄清”。该案例中的教师和幼儿并没有急迫地投入解决问题的进程，而是花时间厘清了对问题的理解和界定，这体现了科学研究中需遵守的一个基本原则——操作化。很多时候，教师困惑于明明提出了一个好问题，但是幼儿解决问题的思路和方式却那么浅显、表面，以至于探究草草收场，或者幼儿由教师牵引着、按照“正确”的方式一步步走下去。出现这些情况可能的原因之一是，幼儿并没有真正理解问题，没有确定自己要去探究的“变量”是什么。天马行空的创造力和想象力固然宝贵，但是对于解决科学问题来说，在细致观察后进行有逻辑的推理和假设，是更加典型的在问题解决的过程中进行深度学习。如，在该案例中，教师引导幼儿对地面进行认真观察，幼儿找到了重要的线索，随后教师提供了材料，支持幼儿验证他们的猜想。此处建议教师可以组织讨论，帮助幼儿明确假设，探讨如何验证猜想，然后再鼓励幼儿尝试自己寻找材料。当然，教师可以事先准备好可用的工具。

总之，对于教师来说，在探究活动中适时提出问题，不会剥夺幼儿自主发现问题的机会，反而是对他们的一种引导和示范。通过模仿和学习提问，幼儿会逐渐提高提出有价值问题的能力，这对他们未来的学习和研究有着深远的影响。此外，在探究过程中，教师需要帮助幼儿明确问题和假设，逐步引导他们进行验证和推理。这个过程不仅能帮助幼儿掌握科学探究的方法，更能培养幼儿的逻辑思维和批判性思维能力。

（案例提供：广州市第一幼儿园　张淑敏）

神奇种子阅读记

案例导读

神奇种子阅读记——让图画书阅读成为深度学习历程的起点

幼儿翻开《神奇种子店》这本书，有趣的图画立刻激发了他们的兴趣。但小班幼儿的阅读经验有限，如何让他们从单纯地欣赏画面走向更深层次的阅读？本案例展示了教师如何通过启发式提问，引导幼儿关注种子的特征，并在“先猜测后验证”的过程中理解逻辑联系。更精彩的是，教师借助图画书阅读进一步延展活动，支持幼儿在游戏区“经营”神奇种子店，甚至尝试种植种子。这种“阅读—游戏—实践”的多维度学习路径，让幼儿的想象力和创造力得到了充分释放。

一、故事的生成

图画书《神奇种子店》投放在图书区之后，引发了幼儿的阅读兴趣。然然指着树说：“这棵树上怎么都是雪人呀？”开心：“你看，这棵树上还有好多甜甜圈呢！”洛洛：“这些种子有好多种颜色啊！”

在观察幼儿自主阅读的过程中，我发现，小班幼儿的阅读水平和认知经验有限，观察不够细致，不能通过观察画面全面理解故事情节。他们的想象力有限，还不能很好地联系前后画面，想象故事情节发展。根据对幼儿的兴趣和阅读情况的分析，我带领幼儿开启了神奇种子店的探秘之旅。

二、故事的发展

1. 和幼儿一起看图画书

“看一看，封面上有谁呀？他在干什么？”我通过提问引出了主题，激发幼儿参与活动的兴趣，同时帮助幼儿了解阅读的方法——从封面开始阅读。幼儿将注意力集中在了封面上。“一只小猪拿着罐子。”“他在弯腰。”“你们猜猜，罐子里是什么？”我之所以这样提问，是为了将幼儿的关注点引到罐子里的种子上，这个细节是整个故事的核心。七喜：“罐子里面有圈圈。”这本图画书的画风很简约、抽象，所以幼儿一时猜不到这些圈圈代表着什么。于是我继续追问：“你们猜，像圈圈一样的东西是做什么用的？”在幼儿七嘴八舌的回应中，我已经听到了那个“正确答案”。但实际上，我并没有期待幼儿在此刻就给出“正确答案”，因为“谜底”过早地揭开不利于幼儿充分发挥想象力。而且，图画书阅读活动不同于数学活动、科学活动，不用追求“标准答案”，重要的是唤醒每个幼儿独属于自己的感受和判断。

在倾听了幼儿的回答后，我并没有给出答案，而是说出了图画书的书名——《神奇种子店》。我希望幼儿能在读完故事后，将小猪手里的罐子与种子联系起来，这样不仅能锻炼幼儿的思维能力，还有助于提高幼儿的阅读理解能力。接着，我引导幼儿着重讨论了“神奇”二字。

教师：“神奇种子店里的种子可能有什么神奇的地方呢？”

珈珈：“是不是种子有奇怪的味道？”

小鱼儿：“心里想什么就能种出什么来！”

当阅读到狗獾叔叔拿出又白又冰凉的种子给小猪时，我请幼儿进行创意表达，探索种子特征与果实关系。

教师：“这颗种子是什么样的？”

四喜：“是又白又冰凉的种子。”

教师："白是说种子的什么？"

开心："颜色。"

教师："冰凉是说种子的什么？"

小彩虹："摸起来凉凉的。"

根据幼儿的回答我总结："原来狗獾叔叔是根据种子的颜色和摸起来的感觉来介绍种子的。"我想这种总结能引导幼儿关注种子不同方面的特征，帮助幼儿初步建立高阶思维。

教师："种下又白又冰凉的种子会结出什么果实呢？"

米茶："我觉得是白白的雪糕。"

四喜："是冰灯！"

我肯定了幼儿的想法，没有急于给出答案。当阅读到雪人树那一页时，幼儿发出惊叹："原来是雪人啊！""好多雪人啊，我来数数。"我进行小结："又白又冰凉的种子是会长出雪人的种子呀！"

我们继续阅读，狗獾叔叔又拿出了像圈圈一样的种子。

教师："你是怎么看出来它们是像圈圈一样的种子的？"

小彩虹："因为种子的样子像圈圈，中间有一个洞。"

教师："原来狗獾叔叔是通过种子的外形来介绍种子的呀。那它会结出什么样的果实呢？"

七喜："一个圈一个圈的树。"

珈珈："全是呼啦圈的树。"

带着疑问我和幼儿继续阅读，当发现结出的是甜甜圈时，我说："像圈圈一样的种子是会长出甜甜圈的种子呀！"引导幼儿关注种子特征与果实的关系。

在接下来的阅读过程中，我运用同样的启发式提问，引导幼儿结合种子的颜色、形状、触感等特征来猜结出的果实。当看到小猪拿着五颜六色的种子时，我说："你们想一想，种下五颜六色的、轻飘飘的种子会结出什么果实呢？"

然然："糖果！"

教师：“为什么是糖果呢？”

然然：“糖果会有很多种颜色。”

教师：“原来你是从颜色上来猜它会结出糖果呀！”

美丫：“泡泡！”

教师：“为什么是泡泡？”

美丫：“因为泡泡很轻。”

教师：“种下轻飘飘的种子会结出轻飘飘的泡泡呀！”

乐乐：“气球！”

教师：“为什么是气球呢？”

乐乐：“因为气球有很多种颜色，而且是轻飘飘的。”

我和幼儿共读下一页内容：“有很多颜色的、轻飘飘的种子是会长出气球的种子呀！”幼儿不禁纷纷发出了“哇”的声音。幼儿的兴趣被进一步点燃，他们迫不及待地要继续阅读。

当幼儿看到都是洞洞的种子被种下之后，问道：“种下都是洞洞的种子会长出什么呀？”幼儿自由发言。有的说：“我觉得是全是洞洞的点心。”有的说：“会长出来奶酪！”我说：“种下有洞洞的种子长出来的东西会让狗獾叔叔全身发抖，你们猜会是什么？”“大灰狼！”“恐龙！”我翻到那一页说：“原来都是洞洞的种子是会长出蜂窝的种子呀！”幼儿哈哈大笑。

当幼儿理解了种子与果实之间的关系后，我继续引导幼儿观察画面，发现故事线索。

教师：“小猪拿着狗獾叔叔给的神奇种子回家，遇到了大灰狼，他会想什么办法逃走呢？”

美丫：“他不是有狗獾叔叔给的种子吗？他可以变成里面的种子藏起来。”

七喜：“他可以把种子种下去，长出来一棵很高的树，然后躲到最高的树枝上，大灰狼就吃不到他了。”

米茶：“我猜他会种下五颜六色的种子，变成气球飞走。”

我肯定了幼儿的猜想，给予幼儿自由想象的空间，鼓励他们猜想种子、果实、效用之间的关系。

当阅读到小猪马上要被大灰狼抓到时，幼儿也跟着紧张起来。我说："狗獾叔叔赠送给小猪一颗又大又粗糙的种子，小猪急急忙忙种下了，你们猜猜会长出什么？小猪能摆脱大灰狼的追赶吗？"

美欣："长出很多刺猬，一起扎大灰狼，把大灰狼吓跑！"

然然："长出大怪兽，打败大灰狼！"

乐乐："长出食人花，把大灰狼吃掉！"

教师："你们的办法都很有创意呀！我们看看故事里的小猪是如何利用种子摆脱困境的。原来又大又粗糙的种子是会长出恐龙的种子呀！"我通过引导幼儿观察画面，引发幼儿的思考与想象，带着问题深度阅读图画书。

我最后说："每一颗种子都很神奇，有无限的可能，就像小朋友们一样，有着神奇的想象力。"我挖掘蕴含在图画书中的教育价值，在关注幼儿阅读核心经验获得的同时，重视幼儿的整体发展。

2. 玩神奇种子游戏

幼儿对于《神奇种子店》的兴趣不减，他们在图书区又进行了自主阅读。根据幼儿的兴趣，我和幼儿在图书区一起布置了神奇种子店场景。在种子店里，除了投放图画书中的四瓶种子之外，我又投放了几个空瓶子。幼儿可以根据已有的种子进行故事讲述，也可以设计自己喜爱的神奇种子，和同伴进行互动。

一天，幼儿拿着手偶讲起故事来。

美欣："又白又冰凉的种子种进土里会长出什么？"

凯德："会长出雪人！"（说着他就变成雪人的样子。）

美欣："要是像圈圈一样的种子种进土里呢？"

米茶："我知道，会长出甜甜圈！"（说着她就将身体蜷成一个圈。）

幼儿说出图画书中的种子特征和结出的果实，并用动作进行演绎。我见状，提醒道："店里有一些空瓶子，你们可以画出自己喜欢的种子，放进瓶子里。"

美欣："好啊，我画完之后让你们猜一猜。"

凯德："我这个种子是圆圆的、红红的。"

米茶："书上不是这么说的，是'又白又冰凉的'，你应该这么说。"

凯德："我这个种子是又红又圆的，你们猜猜会长出来什么？"

美欣想了一会儿说："是苹果吗？"

凯德："哈哈，你猜对了！"

米茶："我的种子是像星星一样的种子。"

小彩虹："我猜会长出一棵全是星星的树！"

幼儿在游戏中迁移之前的阅读经验和生活经验，结合种子的颜色、形状等特征，用1—2个或更多的形容词来描述种子，请同伴来猜结出的果实是什么，这个过程促进了幼儿语言能力的发展。

3. 小种子发芽记

幼儿对图画书中的神奇种子有着持续的兴趣。一天，他们在吃水果时发现了一些种子，好奇地取出种子细致地观察，还说想把这些种子埋进土里。于是在谈话环节，我问："你们还想种什么？"然然："我想种西瓜，我最喜欢吃西瓜。"凯德："我想种西红柿。"开心："我想种草莓。"幼儿七嘴八舌地谈论起自己想种的东西。我请幼儿收集信息，了解春季适合种植什么，种子发芽需要什么条件，怎么种种子。幼儿带着问题和爸爸妈妈一起查阅资料，并收集了各种各样的种子。来园后，幼儿介绍了自己带来的种子，他们决定通过投票选出两种大家最想种的种子，结果是西红柿和豌豆最受他们的青睐。种植种子之后，他们发现无法辨认自己种的是哪盆，于是想到做标记来进行区分。

接下来的日子，幼儿每天来园做的第一件事就是去看种子，记录它们的生长情况。他们还会相互交流自己的发现。“你看我的种子发芽了。”“我的为什么没有发芽？”“你浇的水太多了，我爸爸说不能浇太多水！”“我的小苗长了两片小叶子。”

4. 创意种子店

随着活动的不断深入，幼儿会在餐前、餐后主动向同伴讲《神奇种子店》的故事，并渐渐有了表演的欲望。于是，戏剧活动时，我和幼儿一同谈论图画书中小猪、狗獾和大灰狼的动作、表情，引导幼儿进一步理解故事情节，并丰富幼儿的表演经验。

表演区游戏时，珈珈和米茶分别扮演狗獾和小猪。米茶问：“我要买神奇种子。”珈珈：“我这有好多种子，你挑吧，挑完扫码付钱就可以了。”在游戏过程中，我发现幼儿没有完全按照图画书内容表现，但我没有介入，而是观察他们的游戏行为。米茶：“你的种子有什么神奇的地方？”珈珈：“你念完咒语，然后说出想长出什么东西，就会长出什么来。”珈珈还演示了怎么种种子，她跟着敲击的节奏念咒语，并嘱咐米茶每天浇一次水。幼儿在表演中加入了自己的生活经验，如扫码付钱、给植物浇水，并基于故事中的角色、情节和语言进行了创意表演。

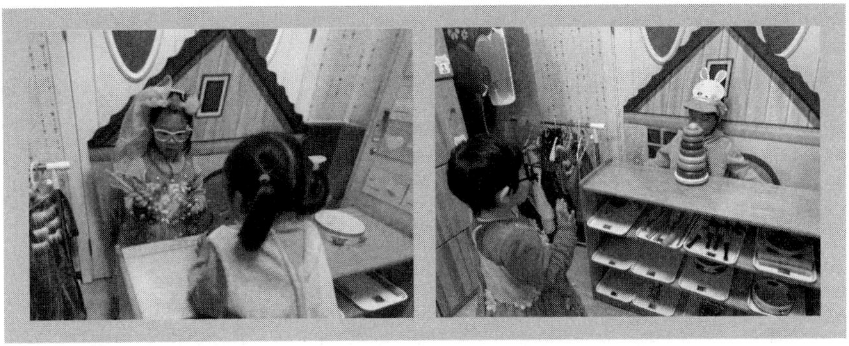

基于对故事的深入阅读，幼儿表演的内容越来越丰富、生动。我给予幼儿充分的空间，并鼓励幼儿大胆表现。在表演过程中，每一个情节的设定都融入了幼儿的想象和创作，幼儿在积极参与的同时也获得了极大的愉悦感。

三、教师反思

如何让小班的幼儿对图画书中的故事感兴趣，对我来说是个挑战。如果只是简单地阅读图画书，小班幼儿很容易走神。在接触深度学习概念之后，我开始思考怎样能让幼儿在阅读活动中深度参与。

首先，我认为要做好充分的准备，凭借对幼儿的了解去寻找他们可能的兴趣点和好奇点，并挖掘图画书蕴含的教育价值，包括情感上的共鸣、道理的获得、想象力的激发、新词汇的学习等。那么，什么样的图画书具有引发幼儿深度卷入的潜质呢？我总结了以下两点：一是图画鲜明、情节简单且富有想象空间；二是故事内容贴近幼儿生活经验并具有延展性。图画书《神奇种子店》中的“神奇种子”本身有着极强的吸引力，能立刻引发幼儿的好奇心。同时，这本图画书有着有趣的内容，非常贴近幼儿的生活经验，书中蕴含着的逻辑关系也能够被迁移运用。

其次，在图画书共读的过程中，要持续引发幼儿的思考。我通过一系列能够引发幼儿思考、猜测、想象的问题，支持幼儿表达自己的感受和判断，由此幼儿不断地感受到愉悦、惊喜或意外，他们的兴趣只增不减。在这个过程中，幼儿细致地观察画面，不断地调动自己的已有经验去思考、想象，然后又不断地迁移经验，在种子与果实之间建立联系，他们的想象力、思维能力、阅读能力、问题解决能力都得到了提升。

最后，要借助图画书阅读进一步延展活动。在后续的过程中，由图画书阅读引发和生成了多领域的活动，如基于图画书的游戏创编、亲身体验种种子、创意表演等，幼儿将图画书中的情境与现实生活相链接，实现了认知经验的迁移与整合。

一本好的图画书只是一个开始。如何基于图画书阅读持续地激发幼儿的兴趣，促进幼儿在生活中自主生发探究活动，实现经验的迁移与运用，助推幼儿的深度学习？这是基于这次主题探究活动我所需要继续思考的问题，也是我需要在实践中不断摸索的课题。

四、分析与启发

这是一次由图画书阅读引发和生成的涉及多领域的活动，是幼儿仔细观察、亲身体验、深入探究、相互分享的成长之旅。该案例中的教师一开始就紧紧围绕“神奇”二字激发幼儿的阅读兴趣和好奇心，然后通过富有启发性的提问来引发幼儿对神奇种子的多种猜测。教师在耐心听取幼儿因不同判断依据而说出的有关神奇种子的猜测后，并没有直接给出图画书中原有的答案，而是运用富有挑战性的“先猜后验证”的方式，拓展幼儿的想象和思维。这不仅激发了幼儿对问题的连续追问，而且也促使幼儿从最初经验式的猜测走向了后来经由思考和判断的预测。在整个过程中，幼儿通过师幼共读、自主阅读、种子猜猜猜、种植活动、表演游戏等途径进行了多元阅读，参与了与同伴、成人之间的一系列对话，积累了在阅读理解与表达方面的核心经验，也促进了思维、社会性等方面的发展。

该案例充分展示了通过图画书阅读引发幼儿的深度学习，既包括故事讲述中幼儿的深度参与，也包括后续的延伸活动。该案例还对我们理解、践行深度学习有一个启发，那便是基于深入阅读和深度卷入后的表演，比起简单选取一个剧本，对幼儿来说会有更深刻的体会和收获。幼儿天生喜欢玩“过家家”的游戏，之所以我们最常见到的是幼儿扮演“爸爸妈妈”，是因为他们对此情境的印象更深刻、经验更丰富，换言之，对“剧本”更熟悉。如果我们通过深入地阅读故事，将更多的“剧本”根植于幼儿头脑之中，那么幼儿是会非常乐于在各种场合表演它们的，如用语言区的手偶以及戏剧区的道具表演，即使在建构区，没准幼儿也在表演呢。总之，想要低龄幼儿在图画书阅读活动中实现深度学习，教师需在图画书选择、故事呈现、游戏再现等环节做好充分的准备，让幼儿在故事中听得投入、玩得深入。

（案例提供：北京市石景山区杨北幼儿园　齐　钰）

留住花之美

案例导读

留住花之美——由日常现象引发系统学习

花开花谢是大自然的常态，但当幼儿目睹自己珍爱的花朵逐渐枯萎，不禁发问："有没有办法让花一直美丽?"这个问题不仅涉及科学知识，更承载着幼儿对美的期望和对生命的思考。面对幼儿的好奇，教师没有直接给出答案，而是引导他们提出假设，并尝试不同的保鲜方法——将花插在水里、埋进泥土、制作成干花，甚至用相机或画笔记录花的美丽。通过持续观察与对比实验，幼儿不仅了解了植物的生长规律，也体验了科学探究的基本步骤。这个案例展现了如何通过教师的引导，将幼儿的日常发现转化为系统的学习。

一、故事的生成

在花城广州，盛放的鲜花一年四季随处可见，可以说，花是幼儿每天都会见到的。所以，以花为探究对象的活动是幼儿园一定会组织的。在探究花的过程中，一个现象不可避免，那就是花的枯萎。

一天，玮甯和梓彤在餐后拿出了自己带来的花进行分享，玮甯的花是贴在纸上的，梓彤的菊花是插在水里的。梓彤："我的菊花叶子已经枯萎了，花瓣也掉落下来了。"玮甯："我的花好像变黑了，花朵变黑了就不好看了!"梓彤："有没有办法让花一直美丽?"家昕走过来说："可以把花种到泥土里啊!"

幼儿对花的好奇以及对花的保鲜方法的猜想，让我看到了他们对大自然的好奇与探究的欲望。通过认真倾听幼儿之间的交谈，及时发现幼儿的兴趣，可以从中挖掘有价值的学习点，帮助幼儿建构初步的科学经验。因此，我决定以幼儿的问题为导向，支持幼儿探究“花怎样保鲜”这个问题。

二、故事的发展

1. 畅想和表征花的保鲜方法

对于花的保鲜方法，有的幼儿说插在水里，有的幼儿说贴在纸上，有的幼儿说种到泥土里。可是，真的管用吗？为了帮助幼儿将这些想法以更直观的方式呈现出来，我将幼儿的猜想用简单的图画画在纸上，帮助他们思考需要的材料。

猜想一：把花插到花瓶里，花瓶里装水。

猜想二：把花贴在纸上，自然摆放。

猜想三：把花插到泥土里，给花浇水。

猜想四：用照相机把花拍下来，花就能一直保存得很美。

猜想五：用画笔把花画下来，花就一直不会枯萎。

幼儿能结合自己的生活经验表达自己的想法，尤其是后面的两个猜想，是幼儿最天真、最浪漫也是最直接的想法，他们跳出了成人固有的思维模式，让我感到非常惊喜和意外。

幼儿把自己的想法说出来后，我请他们思考需要的材料、工具，准备付诸实践。幼儿想到了各种材料和工具帮助自己进行探究与验证，包括花瓶、水、花盆、泥土、铲子、透明胶、画纸等。

幼儿除了用语言的方式表达自己的生活经验，还可以用绘画的方式呈现，这有助于幼儿回忆和拓展自己的想法。由于之前我用图画的方式呈现幼儿的想法，有的幼儿也想尝试自己用图画进行表征，我鼓励他们积极尝试。我发现，幼儿在用语言表达时只说出了几种材料和工具，但在绘画的过程中，他们呈现出了更多的想法。

2. 收集材料进行验证

幼儿开始收集需要的材料和工具，按照不同的猜想进行分组实践。

第一组幼儿想用花瓶装水，可是活动室里没有花瓶，他们找到了自主游戏时用的矿泉水瓶，很快就将花插到了瓶中。

第二组幼儿小心翼翼地用透明胶把花固定在画纸上。

第三组幼儿需要花盆和泥土。家昕想到大花园旁边的生态园里有花盆和泥土，于是他们来到生态园寻找可以验证猜想的材料和工具，包括花盆、泥土、水、铲子等。幼儿各司其职，寻找需要的材料和工具，跃跃欲试。幼儿想的时候认为很简单，但在动手时才发现有很多困难需要克服。在找到铲子后，幼儿迫不及待地想用铲子铲泥土，但他们发现泥土又干又硬，想要挖出来，一点都不容易。硕同想到可以用水把泥土浇湿后再挖。于是幼儿两两合作，一个负责用水壶接水、浇水，另一个负责铲泥土。幼儿将泥土装进花盆，将花插到泥土里后，又发现花很容易倒下。怎么办呢？他们又挖了一些泥土，盖在上面。几经波折，最后他们终于满脸笑容地带着一盆盆花回到了教室。

把花插到泥土里这件看似简单的事情，让幼儿初步经历了遇到问题—思考尝试—动手探索—解决问题的过程。在这个过程中，幼儿发自内心地想克服困难，他们动手动脑、坚持不懈。

第四组、第五组幼儿也开始行动，分别用相机和画笔定格鲜花的美。

3. 观察对比不同的保鲜方法

每组幼儿通过努力和尝试，终于完成了对花的保鲜。前三组幼儿把插在水里的花、插在泥土里的花、贴在纸上的花都摆放在活动室的桌子上，并各自做了标记。我请他们尝试用观察记录表记录花每天的变化，比较哪种方法的保鲜时间更长。

在一周的时间里，每天餐后幼儿都会去观察插在水里的花、插在泥土里的花以及贴在纸上的花的变化，互相讨论自己的发现。

玮甯："好像插在水里的玫瑰花有点凋谢了。"

梓彤："可是插在水里的康乃馨还开得很漂亮啊。"

玮甯："它们是一起插到水里的，为什么会不一样呢?"

幼儿通过观察发现，不同的花在同样的环境中凋谢情况也会有所不同。

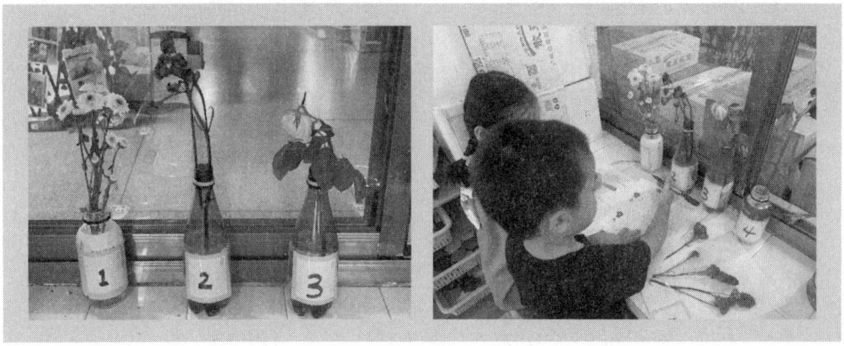

4. 发现特别的花，引发新问题

又过了一个星期，幼儿有了重大发现：插在水里的花慢慢枯萎了，种在泥土里的菊花、桔梗花也枯萎了，贴在纸上的花干枯了，但是插在泥土里的叫龙吐珠的花却依然盛放。这是为什么呢？幼儿很好奇。

幼儿之前曾在科学活动“各种各样的花”中认识了很多种花，知道了花有不同的习性，但是对于为什么有些花能插在泥土里继续生长而有些不行感到疑惑。于是，我请幼儿和爸爸妈妈一起通过图书、网络等途径寻找关于这个问题的答案，并尝试把自己获得的信息记录在调查表中。

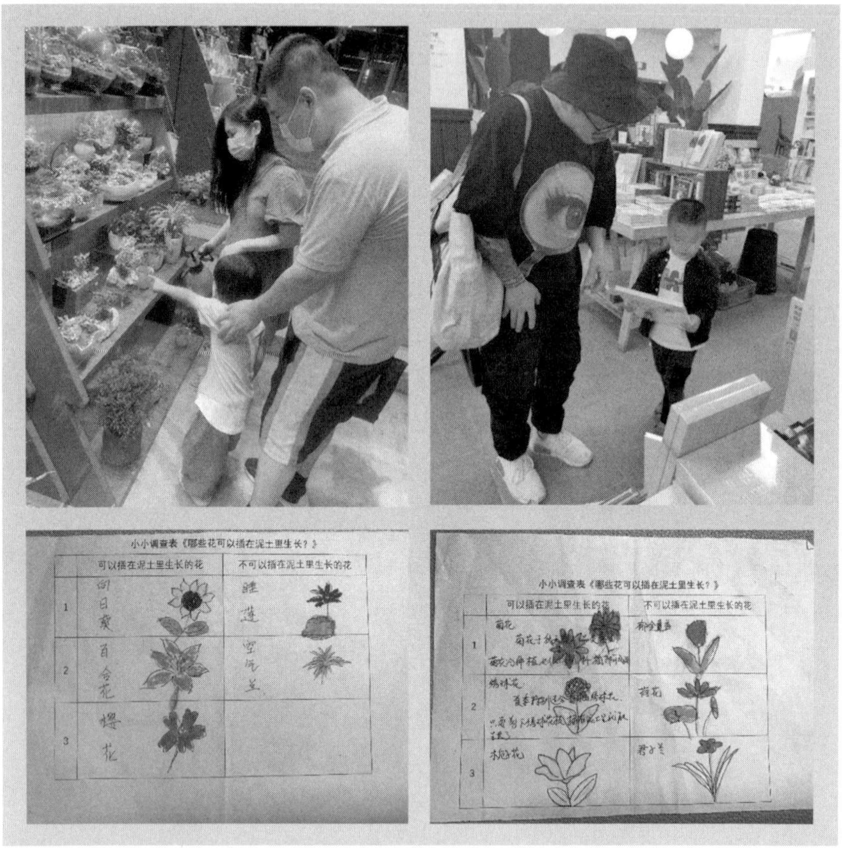

通过查找资料，幼儿有了新的发现。原来有些花插到泥土里是可以继续生长的，如龙吐珠、茉莉花等，因为它们的枝条插到泥土里能长出根。但大部分花的枝条直接插在泥土里都不能继续生长。他们还了解到，有些花的花期长，有些花的花期短。通过资料的收集、分享，幼儿对不同花的生长习性有了进一步的了解。当幼儿兴高采烈地把知道的答案和同伴、教师分享时，他们的眼睛里充满了光彩，那是一种自信而快乐的光彩！

5. 制作鲜花香皂

到了第三周，我们展示在活动室的花基本都枯萎了，幼儿感到非常惋惜，他们在感到无可奈何的同时，也初步感知了植物生长、凋谢的过程。但幼儿仍然对花的保鲜念念不忘。“花这么漂亮，可惜都会枯萎啊！”“我看过有些花是不会枯萎的。”“什么花不会枯萎啊？”“我妈妈的手机壳里有漂亮的花，不会枯萎。”“我妈妈做的鲜花香皂里的花也是不会枯萎的呀！”“我没有见过鲜花香皂，是什么样的呢？”

幼儿听说鲜花可以做成香皂，还可以保存起来，都感到很好奇。玮甯告诉我，她的妈妈购买了一些手工制作香皂的材料，加入鲜花定型后，可以做成又香又漂亮的鲜花香皂。真的有不会枯萎的花吗？为了丰富幼儿的认识和体验，我邀请玮甯的妈妈来园，为幼儿示范如何制作鲜花香皂。幼儿也尝试自己把鲜花放在制皂模具里面，体验了一次手工制作香皂的乐趣。

6. 泡花茶

鲜花可以用来做成鲜花香皂，还可以用来做什么呢？有的幼儿想到了制作成干花。干花除了能起到装饰的作用，还能泡出色香味俱全的花茶。芷瑜妈妈带来了蓝蝴蝶花茶、桂花茶和洛神花茶，这几种花茶泡出来的颜色不一，很适合幼儿观察和品尝。

芷瑜妈妈泡茶时，幼儿说花朵就像在水里“跳舞”一样。他们认真地观察冲泡花茶的过程、泡出的花茶颜色，又用鼻子闻了闻花茶的气味，最后品尝了不同花茶的味道。品尝颜色各异、味道不一的花茶带给了幼儿快乐的体验。

7. 亲子拓展活动

两位家长带来的活动加深了幼儿对花的认识，让他们感受到花给生活带来的愉悦，使幼儿进一步萌发了对大自然的热爱之情。

很多家长看到我们活动的照片和视频后，对我们开展的主题活动表示非常支持和赞同，他们还在家中和幼儿进行了鲜花美食制作、花朵手工制作等亲子活动。我们充分挖掘、利用家长资源，鼓励家长通过亲子活动丰富幼儿的体验，拓宽幼儿的视野，让幼儿获得新经验、新认知，支持幼儿进一步认识和了解花与人们生活的密切关系，逐渐懂得热爱、尊重、保护自然。

三、教师反思

花开花谢随处可见，幼儿会被漂亮的花所吸引，但是鲜少在自发的情况下，围绕花做很长时间的探索。在整个活动过程中，成人（包括教师和家长）的支持，让幼儿初步的兴趣变成了一段持久的探究。

实际上，对花的探索有很多方向，如花朵的品种、结构、气味等，无论是什么方向的探索，驱动性的问题总是最关键的。通过倾听幼儿之间的对话，我抓住了一个非常有“能量”的问题——花怎样保鲜？这个问题幼儿能理解并且感兴趣，同时它贴近幼儿的生活经验，又有挑战性（答案不是显而易见的），所以幼儿才会提出那么多的解决方案，让后续的对比实验成为可能。所以，基于幼儿的兴趣，抓住一个好的问题十分重要。

有了好问题后，我支持、尊重幼儿提出的不同想法，放手让幼儿自主尝试、观察、对比、验证。在后续的观察、记录阶段，幼儿有了新的发现和疑问，产生了认知冲突，并积累了新的认知经验。如不同的花放在水里，保鲜的时间也不一样；有的花插在土里居然能继续生长。回顾整个过程，在此处，我并没有支持幼儿围绕新的问题展开探究，否则或许还能延伸出更多的探究活动。不过，幼儿阶段的科学探究活动不一定要寻根究底，尤其是遇到了幼儿很难理解的道理，不如就让它作为一颗种子，充分孕育后再发芽。

在观察到花都枯萎了的情况后，幼儿都感到非常惋惜，这是他们感知生命的独特与珍贵的良好契机。而由此生发的制作鲜花皂、品尝花茶的家园共育实践活动又将幼儿拉回到生活中，让他们体验到了花为生活带来的愉悦。

正向前面提到的，对花的探索有很多方向，我期待能和幼儿继续探究关于花的各种问题，实现花与幼儿的生活的深度链接。

四、分析与启发

1. 深度学习以问题为导向

该案例中，教师不仅以幼儿自己提出的生活中的问题作为活动起点，而且在整个活动的延伸过程中都尝试着秉持发现问题、解决问题的原则，符合深度学习面向问题解决的特质。活动伊始，教师发现幼儿对花的枯萎与保鲜有很大的探究兴趣，于是基于此引导幼儿思考、表征花保鲜的方法，同时进行实践操作，在操作中发现并解决问题。具体到某一环节，如幼儿在铲泥土时发现泥土又干又硬，将花插入土中后花容易倒下，教师同样引导幼儿以问题解决为导向进行了主动探究。

这种以问题为导向的深度学习有助于幼儿建构与花相关的知识，

其成效也在活动过程中充分地展现了出来。虽然幼儿之前积累了关于花的种类及特征等方面的知识，知道了花有不同的习性，但是在以“花怎样保鲜”为最终目标的探究过程中，幼儿发现了不同花的生长环境有很大的差异，继而教师又引导幼儿和家长一起收集资料并完成调查表。幼儿在查阅资料、解决问题的过程中，加深了对已有关于花的知识的理解，还收获了关于花的生长环境的知识，在已有知识结构的基础上建构了新知识。

2. 兴趣与好奇心是深度学习的起点

幼儿对大自然充满了好奇和探究的欲望。教师从幼儿发现的花枯萎的现象出发，从幼儿的兴趣出发，从幼儿的问题出发，通过引导幼儿对有价值、有意义的问题进行探究，从而生成了持续的深度学习活动，从中挖掘出了更多的学习点，帮助幼儿积累了科学经验，培养了幼儿的科学探究能力。

3. 深度学习离不开多方的支持与互动

深度学习中的问题是复杂且开放的，需要以“合作”的形式来开展探究。在该案例中，教师从幼儿与同伴之间的交流中及时发现他们对花的好奇以及探究的欲望，引导幼儿充分表达自己对花的保鲜方法的猜想，又请幼儿和家长查询花的相关知识，然后进行集体分享，这个过程促进了幼儿与教师、同伴、家长之间的互动。之后，教师又鼓励幼儿按自己的想法为花保鲜，并观察、记录花随时间变化的情况，这个过程使幼儿不断地产生认知冲突，引发幼儿与同伴间的交流和讨论，使幼儿对花的认识更加全面、深刻，从而让学习走向深入。教师还充分借助家长的力量，邀请家长参与到幼儿的活动中，拓宽了问题解决的途径，让幼儿获得了新经验、新认知，也使幼儿进一步认识了花与人们生活的密切关系。

（案例提供：广州市第一幼儿园　李丽梅）

夏日采摘，“果”然有趣

案例导读

夏日采摘，“果”然有趣
——教师放权，支持幼儿自主解决实际问题

幼儿园果树上的果子成熟了，一些果子掉落在地上，被摔坏了。幼儿发现后既兴奋又遗憾，于是提出了一个想法：把成熟的果子摘下来，以防果子掉下来被摔烂。基于这个想法，幼儿进行了一系列的探索。本案例的独特之处在于，它并不是一次简单的采摘活动，而是一场关于策略思考与团队协作的挑战。教师并没有因为幼儿年龄小就主导问题解决，而是引导幼儿自主提出多种方案。幼儿在实践中不断尝试、调整策略，并通过合作找到了最有效的方法。这个过程不仅锻炼了他们的动手能力，更让他们体验到了解决问题的成就感。

一、故事的生成

微雨过，小荷翻，榴花开欲然……记忆中的夏日总少不了趣与美。正当我沉醉在关于夏日的诗词之美中时，突然被幼儿的欢呼声唤醒，原来是小农场里的一棵洋蒲桃树掉落了许多果子。

“这是什么果子呀？能不能吃？好不好吃？”“我记得妈妈说这个叫莲雾。”“不对不对，是帽子果。”“我觉得是粉红果。”我告诉他们：“这个果子叫洋蒲桃，也叫莲雾。”这时，霈然说：“好可惜，果子都摔烂了。”接着，幼儿就“如何摘果子”展开了激烈的讨论，并由此引发了妙趣横生的采摘之旅。

二、故事的发展

1. 思考摘果子的方法

对于如何摘果子，幼儿有着很多想法。

尚霖：“我觉得我们可以爬到树上把果子摘下来。”

佳铖：“我们也可以爬到长城（幼儿园一处小景观，外形酷似长城）上面去摘。”

晨晨：“还可以用梯子！”

雅盈：“我想叫爸爸妈妈来帮忙摘。”

俊源：“可以摇大树，用力摇，果子自己就会掉下来。”

幼儿认真思考着以上解决方案的可行性。他们首先否决了摇大树这个办法，因为摇大树会让果子掉下来，但也会摔坏果子。接着，他们又否决了找爸爸妈妈帮忙的建议，因为爸爸妈妈不在幼儿园，大家现在就想摘果子。最后剩下爬树、爬长城、用梯子这三个方法。到底用哪个方法才能摘到果子呢？幼儿讨论起来，可大家都拿不定主意，于是我建议他们都试一试。

2. 验证摘果子的方法

验证一：爬上树摘果子。

有几名自告奋勇的幼儿尝试爬树，可他们发现徒手爬树根本爬不高，够不着果子。

验证二：爬上长城摘果子。

于是幼儿又尝试爬长城，但长城四面都是光滑的墙面，很难爬上去，最后他们从长城入口走到长城最高处，尝试跳起来摘果子，还是够不着。

验证三：使用梯子摘果子。

晨晨："幼儿园哪里有梯子呢？"

霈然："木工房里有梯子。"

泽杨："我记得大操场旁边有很多梯子。"

于是，幼儿组队出发，一起去寻找梯子。

他们在大操场旁边找到了很多梯子，有两条腿的梯子，有四条腿的梯子，还有可以对折的四条腿梯子。究竟哪种梯子更合适呢？幼儿各持己见。

晨晨："我觉得应该用四条腿的梯子，因为它更牢固。"

霈然："我觉得要用两条腿的梯子，可以把它架在树上，爬得更高。"

潇语、佳铖、锦鹏则建议用可以折叠的四条腿梯子，他们认为这个梯子最高，爬得高才能摘到果子。

从寻找梯子到选择梯子，幼儿不断唤醒和调取已有经验，比起正确的答案，此刻我更倾向于让幼儿在试错中内化新经验。于是我建议大家排队站在自己支持使用的梯子前，并为梯子命名。幼儿纷纷行动了起来，他们把有两条腿的梯子称作"攀云梯"，把有四条腿的梯子称作“四腿梯”，把有四条腿可以折叠的梯子称作“蚂蚁搬家梯”。

幼儿从一个偶然的契机发现问题，产生假设，采取了两轮行动来验证假设，虽然暂时宣告验证失败，但他们仍然斗志昂扬，乐在其中。在第三轮的行动验证中，幼儿开始由直觉思维向逻辑思维迈进，在头脑中初步建立了能解决实际问题的“模型”（借助工具——梯子）。接下来，幼儿又会怎样操作与调整这个“模型”呢？我满怀期待与好奇。

分组后，各小组幼儿齐心协力，将三种不同的梯子从操场搬运到树下，准备开始验证本组的“模型”。

第一组幼儿将攀云梯靠在树干上，霈然自告奋勇地爬上了梯子，其他幼儿扶着梯子底部，保持梯子的稳定性。可即便这样，霈然在往上爬时梯子还是会晃动。我走上前扶住霈然，发现他的腿在颤抖。虽然做了保护措施，可梯子仍不停晃动，最后霈然因为害怕没有成功摘到果子。润润很快发现了问题的症结，说：“梯子总是晃，是因为重心不稳，要换四腿梯才行。”

紧接着，第二组幼儿尝试使用四腿梯。晨晨首先鼓起勇气爬了上去，可爬到顶都够不着树上的果子。幼儿猜测可能是晨晨的个子比较矮，于是又推荐班上最高的书弋再次尝试，可是他爬上去后仍然够不着果子。

最后，第三组幼儿尝试使用蚂蚁搬家梯，佳铖很快爬到了梯子的最顶端，并摘到了第一个果子，大家兴奋地鼓起了掌。

从攀云梯到四腿梯，从稳定性问题到高度问题，幼儿如钟摆纠偏一般，越来越靠近正确答案。在这个过程中，幼儿在与同伴交流的过程中不断对自身经验进行反思和补充，也尝试将同伴的创意内化为自身经验，并且在行动中修正与完善已有的认知结构，不断解决新的问题，最终形成经过实践检验的稳定模型，成功采摘到了果子。此刻，幼儿获得的满足感和成就感化为源源不断的动力，深度学习随之发生。

3. 想办法摘到更高处的果子

在使用蚂蚁搬家梯成功摘到几个果子后，更高处的果子又够不着了。怎样才能摘到更高处的果子呢？我和幼儿一起梳理了可以站得更高的办法：一是用更高的梯子，二是让更高的人爬梯子，三是让更高的人爬更高的梯子。我引导幼儿继续思考还有什么办法可以站得更高。幼儿回忆起最初想到可以爬到长城上摘果子，他们觉得可以把梯子搬到比地面更高的长城上。于是，幼儿尝试将蚂蚁搬家梯搬到长城上，尝试爬上梯子摘果子。这一次，所有幼儿爬上梯子后都能摘到果子了。

4. 畅想果子的花式吃法

夏日、蝉鸣、爬树、摘果子……在小农场中，忙碌的幼儿用自己的智慧实现了与大自然的有趣互动，他们打着芭蕉叶，抱着背篓，满载而归。

想到终于能够吃到期盼已久的洋蒲桃，幼儿边走边兴奋地讨论起洋蒲桃的花式吃法。

雅盈：“可以榨果汁，榨成洋蒲桃汁，肯定很好喝。”

小熊：“可以把它们洗干净，然后切成一片片的，直接吃。”

晨晨：“可以把它们穿起来，裹上糖，做成莲雾糖葫芦。”

用莲雾做蛋糕、沙拉、果酱、冰激凌、奶昔、汉堡、雪糕、蛋卷……幼儿说到的每一种吃法听起来都美味极了。

“我们快尝尝它的味道吧！”幼儿回到班级后迫不及待地清洗洋蒲桃，一起品尝了起来。

三、教师反思

一次偶然的发现引发了幼儿的好奇心，一个幼儿的问题促成了一段妙趣横生的采摘之旅。我不禁问自己，在一日生活中，这样的教育契机也许无处不在，可我都敏锐地捕捉到了吗？在面对幼儿的问题时，我能一直保持思考后慎重地回应，而非凭直觉做出反应吗？在一些显而易见的探究中，我又能放下“理所应当”，一如既往地用儿童的视角陪伴他们看世界吗？在相同的活动中，我能有意识地创造机会，支持不同的幼儿在不同阶段进行有意义的学习吗？

在这段采摘之旅中，我对以上问题有了新的思考。因为在这个过程中我真切地目睹了幼儿闪光的智慧、有目的的合作、积极的情绪情感体验。他们不断探索，从稳定关系中发现重心的概念，通过尝试明确“高度”这一关键因素，在增加高度的过程中感知距离。幼儿从最初调动已有经验尝试解决问题，到开始在头脑中建立模型，运用具体工具检验自身想法的可行性，体现了从直觉思维到逻辑思维的发展，从而促使高阶思维在一次又一次的问题解决中得以巩固和提升。在整个过程中，幼儿不断习得新的经验，并能够在不同的问题情境中灵活运用。而我也在和幼儿共同思考的过程中提高了对幼儿思维水平的判断能力，逐渐明确了在问题解决的不同阶段如何为幼儿提供不同类型和水平的支架。

四、分析与启发

深度学习不只存在于深思熟虑的课堂中，也可以发生于平凡朴实的生活中；深度学习不总是一段长长的探索，也可以在一小段解决问题的过程中体现。该案例始于一个不经意的问题——如何摘果子？相信类似这样的问题在幼儿园中时有出现，但也常常因为不在教学计划之内而被忽视。而深度学习恰恰可以始于这样的问题，它简单、直接，是真的由幼儿提出来的。该案例中的教师没有忽视幼儿的意图，而是珍视它，并运用教育智慧支持幼儿去解决这个问题。

教育叙事反射的是教师的视角，采择的是他们认为有价值的一幕。很多教师在撰写教育故事时，总是苦恼于“那么多的对话，那么多的行为，我应该记录哪些呢?”通过这个案例，我们可以领会如何简洁又清晰地记录幼儿的活动过程。在幼儿提出摘果子的意愿后，教师组织幼儿交流摘果子的方法。通过教师记录的幼儿的想法，我们可以了解幼儿的已有经验，他们知道可以通过爬高、摇晃大树、找爸爸妈妈帮忙来摘果子，并且在讨论之后排除了后面两个方法。教师用寥寥数笔便勾勒了关键的探究活动源于什么，也让我们看到了幼儿的已有经验是如何影响接下来的过程的。想象一下，如果没有幼儿讨论、对话的过程，而是幼儿分组尝试不同的方法，然后进行对比，“摇大树”那一组幼儿的探究兴趣会不会大打折扣呢?

接下来，幼儿分成三组，用不同的爬高方式来达到摘果子的目的。这个过程展示了幼儿多种关键经验的建立，如重心、高度与距离等，教师捕捉到了幼儿头脑中建立模型的过程，并且在适当的时机提出建议，启发幼儿寻找适合的工具，促成了任务的达成。在成功摘到第一个果子后，教师和幼儿一起梳理了可以站得更高的办法，教师用最易懂的语言总结了幼儿的探究过程以及能够成功的逻辑，这一支持尤为值得借鉴。最后，幼儿运用了“加法”的逻辑——“在长城上搭梯子”解决了问题。谁说数学思维只能通过数学教学达成？这个案例充分证明了数学思维无处不在，幼儿积累了足够多的数学直觉，就能理解后续抽象的数学计算。

（案例提供：广州市第二幼儿园　梁文欣）

中　班

冬储白菜

案例导读

冬储白菜——结合传统生活经验推动幼儿自主探究

冬天到了，幼儿发现厨房的师傅们买了大量的白菜，他们好奇于如何储存这些白菜。这一问题的价值在于，它不仅仅蕴含着食物储存的科学道理，更链接着传统生活智慧。针对幼儿提出的疑问，教师没有直接解释，而是鼓励幼儿收集信息，观察、调查储存白菜的方法并进行实践探索，然后对比白菜的保鲜效果。本案例展现了如何利用传统生活经验引导幼儿进行自主实验、观察对比，支持幼儿观察生活，理解生活中的现象。

一、故事的生成

北京四季分明，节气特征在这里尤为明显。每当冬至到来之际，北京的老人家们就开始囤白菜，然后吃上一整个冬天，这是很多人儿时的记忆。

一天户外活动时，幼儿看见厨房的师傅们正在将一大车白菜搬到幼儿园墙根底下，他们就此聊了起来。

一一：“幼儿园怎么有这么多白菜?”

欣然：“我家楼道里也有很多白菜，它们被摆成一排一排的，像楼梯一样，上面盖着报纸。我每天路过都喜欢掀开报纸看看白菜，有些白菜叶子都变软了。”

米宝："那是烂了。"

宝宝："那这些白菜会不会烂呀？"

教师："你们有不让白菜烂掉的好方法吗？"

乐乐："我有办法，吃进肚子里。"

琪琪："那肚子会不会被撑坏啊？"

蓉蓉："我觉得可以放冰箱里。"

豆豆："放在厨房。"

珊珊："放在咱们班阳台。"

……

幼儿你一言我一语地讨论起来，兴趣浓厚。我当下决定，开启一个关于"储存白菜"的探究命题。

二、故事的发展

1. 调查了解储存白菜的好方法

冬天储存白菜有什么好方法？可以通过哪些方式了解到呢？我们班幼儿有当小记者的前期经验，他们到社区进行过采访，所以他们想到了用这种方式了解身边的人如何储存白菜。我鼓励幼儿再通过网络、图书了解相关的信息。

途径一：外出采访

教师："你们想采访谁？"

一一："我想采访叔叔阿姨。"

浩浩："我想采访爷爷奶奶。"

教师："那你们觉得关于储存白菜谁会了解得更多呢？"

宝宝："我觉得是爷爷奶奶，我爷爷就知道很多事情。"

乐乐："我奶奶也知道很多事情，我家里都是奶奶做饭。"

教师："你们想问爷爷奶奶什么问题呢？"

一一："我想问奶奶家里的白菜放在哪里了。"

萌萌："我想问一问把白菜放在冰箱里行不行。"

饼饼："我想问怎样做白菜才不会烂。"

明确了采访对象和想要了解的问题，幼儿拿着角色区的小话筒走出了幼儿园。他们来到了小区里，扮成小记者，采访小区里的爷爷奶奶。

途径二：网络查寻

教师："你们找到了什么答案？"

米宝："可以腌白菜，把白菜做成泡菜。"

宝宝："我和妈妈查到的是，在冬天时可以用晾晒、腌制、放地窖这些方法储存白菜。"

暖暖："妈妈说还可以把白菜做成酸菜。东北人用大缸腌白菜，过一段时间就成酸菜了，就可以吃了。不过妈妈说腌制的食物虽然美味，但是很不健康。"

途径三：图书查阅

教师："咱们班里有没有出现白菜的书呢？"

糖果："我在二十四节气的书里见过白菜。"

花生："二十四节气的书里是把白菜放在了地里，就是在地上挖一个坑，把白菜放里面。"

程程："我看的书里说，可以把蔬菜晒成干。"

教师："储存白菜的方法可真多！"

2. 选出适合的储存白菜的方法

通过多种方式的调查，幼儿发现有三种方法可以储存白菜，分别是用晾晒的方法将白菜晒成干、用腌制的方法将白菜做成泡菜或者酸菜以及将白菜放到太阳晒不到的地方。

教师：“幼儿园的白菜适合用哪种方法储存呢？”

紫杉：“老师，我们选一选吧。”

教师：“可以像咱们选小主持人那样贴爱心，你觉得哪种方法更适合，就把爱心贴在哪张纸上。”

我请幼儿画出了三种方法，布置了投票墙，然后给每名幼儿发了爱心贴纸，请他们进行投票并点数投票结果。

统计结果是，选择放到太阳晒不到的地方储存的有 11 人，选择晾

晒方法的有 4 人，选择腌制方法的有 3 人。

教师："选择放到太阳晒不到的地方储存的小朋友，你们是怎么想的？"

暖暖："我觉得这样白菜会更新鲜。"

程程："把白菜晒干，白菜就不新鲜了。腌白菜有点难，我就选了这个方法。"

饼饼："之前采访爷爷奶奶时他们说要把白菜放在太阳晒不到的地方，这个方法最好。"

畅畅："把白菜腌制了，白菜的味道就变了，还是放在太阳晒不到的地方更好。"

教师："其他的小朋友，你们觉得呢？"

听到了同伴的想法，其他的幼儿也若有所思。从幼儿的回答中不难看出，他们运用了前期调查时积累的经验，选择了更适合幼儿园储存白菜的方法。

既然结果显示选择将白菜放到太阳晒不到的地方储存的人最多，那么这就是整个班级接下来要一起做的事情。

3. 第一次尝试

教师："幼儿园的哪里是太阳晒不到地方呢？"

乐乐："滑梯下面是晒不到的地方。"

阳阳："大树下面有树荫，太阳晒不到。"

浩浩："钢琴下面可以吗？"

……

幼儿分享了自己认为的幼儿园里太阳晒不到的地方，大家决定分头试一试。幼儿按照自己的想法，将白菜的叶子放在自己选择的地方进行实验并进行观察。2—3 天后，幼儿放的白菜叶子都冻黄了。原来这些地方储存白菜的天数非常短，这一次的尝试失败了。

4. 第二次尝试

幼儿又一次通过询问家中老人、上网查询资料、翻阅图书等方式，了解能够长时间储存白菜的方法并做了记录。这一次，通过分享调查结果，大家了解到可以把白菜放在地窖里或者窗外的护栏上。

思源：“我和妈妈一起查阅资料，发现可以挖一个像地洞一样的地窖，把白菜储存在地下。”

福阳：“我也找到了地窖储存的好方法。”

炳辉：“冬天外面那么冷，白菜会不会很怕冷呢？”

熙然：“那冬天下雪了怎么办？”

福阳：“地窖跟一个地洞一样，上面有开口，妈妈说需要准备棉被盖在上面，被子可以保温。”

家瑞：“我想跟大家介绍的方法是将白菜放在一个纸箱里面，然后把纸箱放在阳台的护栏上。”

教师：“为什么要把白菜放到一个纸箱里面呢？”

家瑞：“妈妈说储存白菜的地方不能太冷，也不能让阳光照到。”

于是，第二次储存白菜的尝试开始了。

方案一：放在地窖中储存

首先，要解决第一个问题——在哪里挖地窖？

教师："我们先去看看幼儿园哪里可以挖地窖。"

福阳："我觉得我们需要找一块泥土地。"

教师："咱们之前说要找一个什么样地方？"

浩浩："找一个阳光晒不到的地方。"

教师："幼儿园哪里有阳光照不到的大块泥土地呢？"

就这样，幼儿在启发之下，开始有目的地在幼儿园里寻找适宜挖地窖的地方。

萌萌："老师，你看这里怎么样？这里没有阳光，还有一块泥土地。"（幼儿指着大树下面的土地）

教师："我们要放很多白菜，这个地方够大吗？"

宝宝："我们可以挖得深一些，是不是可以多放一些白菜呢？"

教师："你们觉得大树下面的泥土好挖吗？"

琪琪恍然大悟："不好挖，土下面有大树的根，我们不能在大树下面挖地窖！"

在接下来的寻找中，幼儿不仅关注土地表面的状况，还通过观察推测土地下面的状况。好在幼儿园的空地很多，在幼儿的不懈努力下，他们终于在种植角寻觅到了适合挖地窖的空地。

接下来，幼儿准备动工，这时他们遇到了第二个问题——用什么挖地窖？

教师："我们用什么挖地窖呢？"

思源："用咱们班植物角的小铲子试试看。"

幼儿拿着班中的小铲子，来到了准备挖地窖的地方，一铲子下去，没有出现想象中的成效。"这土怎么这么硬？跟大石头一样。"程程说道。其他幼儿也表示这个土挖不动。

教师："这里的土和别的地方的土有什么不一样呢？"

程程："种植园其他地方的土很软、很湿，因为大家会去浇水、松土。"

琪琪："这里没有植物，所以没人松土，土就变得很干、很硬。"

教师："这么硬的土，我们要怎样才能挖出地窖呢？"

美美："我们的塑料铲子太软了，还没挖动铲子就坏了。"

教师："看来是我们的工具不合适，那我们可以选择什么样的工具挖土呢？"

晨晨："我看到传达室门口有保安叔叔干活用的铲子（铁锹），我们可以用那个铲子试一试。"

于是幼儿合作拿来幼儿园传达室门口的铁锹，几个人一起挖土。铁锹确实能把土挖动，可是问题又出现了。

宝宝："我们挖了好半天才挖出一个小洞，什么时候才能挖出一个大的地窖呢？"

紫衫："是呀，我们的力气太小了。"

教师："你们想一想，幼儿园里谁的力气很大呢？这个铁锹又是谁每天在使用呢？"

宝宝："对了，我们可以请保安叔叔帮我们挖一个地窖。"

于是幼儿找到了幼儿园保安叔叔，请他来帮忙，保安叔叔很快就在地上挖出了一个大坑，幼儿开心极了。萌萌跳进坑中说道："快看，地窖的高度到我大腿的位置。"几名幼儿也纷纷跳进坑中。"原来地窖可以装下4个小朋友。"凡皓说道。

教师："你们想知道这个坑到底有多深吗？"

幼儿走进班级和户外寻找测量工具进行自然测量，感受地窖的深度。

仲仪："我用魔尺测量，一共是 20 个三角形的长度。"

欣然："这个地窖的深度是 3 根扭扭棒的长度。"

……

幼儿用不同的自然物进行测量，得出了属于自己的答案。

地窖挖好了，该往里面放白菜了，有的幼儿把白菜一棵一棵地抱过来，有的幼儿想出了更便捷的方法——用平时玩的独轮车、小三轮车运白菜。幼儿将运过来的白菜随意地放进了坑里，还没放几棵，坑就满了。

幼儿停下来，意识到了问题。

程程："白菜摆得太乱了，原来的白菜摆得整整齐齐的。"

佳晗："我觉得立着放比较好，应该可以放得更多。"

泽安："我觉得让白菜躺下来比较好，不会把白菜的菜叶压坏。"

教师："小朋友们说的方法听起来都有道理，那我们就都来试一试吧。"

首先，白菜被竖着放进了地窖，很快就摆满了，幼儿发现了问题。"还有没放进去的呀。""堆在这些白菜的上面？""不行的，如果压在上面，会露出白菜的大脑袋，地窖还是不够深。"

佳晗提出换一种方法："那我们试试横着放吧。"

幼儿将白菜一棵一棵地拿出来，又合作将白菜横着放在地窖中。这次，所有的白菜都被放了进去。

佳晗："我们还需要用到被子，要给地窖盖个被子。"

炳辉："我们班的角色区有被子，我们把那个被子拿出来给白菜盖上吧。"

三天后，到了冬至这一天，幼儿来看地窖里的白菜。

仲仪："快看，我们的白菜上面都结冰了，它们一定很冷。"

冠程："我们看看地窖里的温度是多少。"

仲仪拿来了班里的温度计："快看，温度计显示地窖里的温度是零下四度。"

思琪："妈妈说温度应该保持在零度以上，现在地窖里都零下四度了，白菜肯定得冻坏了。"

米宝："我觉得可以在被子上再加一层毯子，这样白菜就不会冷了。"

浩浩："对，我之前回老家的时候天气很冷，妈妈就给我多加一层被子，咱们多加一层被子是不是白菜就不会被冻到了？"

于是幼儿借来了小班娃娃家的被子，在地窖上面又多加了一层被子。

又过了三天，恰逢雨夹雪，地面湿湿的。幼儿来到地窖旁，发现上面的一层被子已经全部湿了，他们掀开两层被子，发现有些白菜表面已经发黄，叶子发蔫了。

教师："是哪里出了问题？"

晨晨："被子湿了，不能用被子。"

教师："那有什么东西可以既防雨又能盖住这么大的地窖呢？"

仲仪环顾幼儿园四周，发现了罩在篮球车上的防雨罩，说道："看，那个盖玩具的防雨罩可不可以？"

教师："把温度计也放在里面吧，看看加上一层防雨罩后温度会不会高一些。"

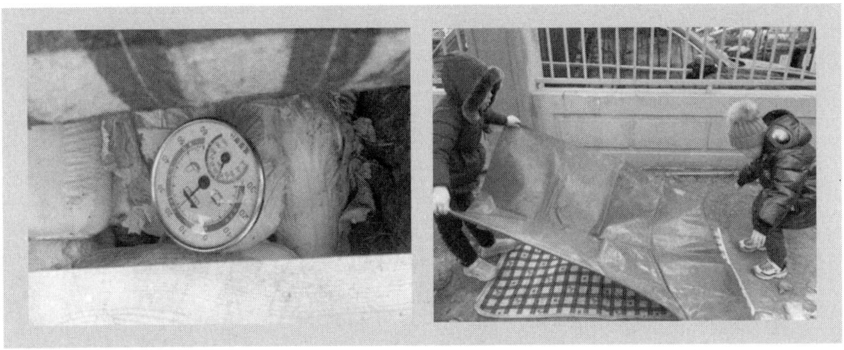

又过了一周，幼儿去确认温度计上的数字与白菜的状态，他们发现，被子没有再被水浸湿，温度保持在了零度以上，而白菜一直保持着很新鲜的状态。

方案二：放在护栏上储存

除了挖地窖储存白菜，还有一组幼儿选择了在窗台的护栏上储存白菜。就像地窖组一样，他们也经历了自愿结组、探索工具、观察温度到调整方案的过程，他们一次次发现问题、解决问题，主动、持续地进行观察和学习。此外，他们还体会了合作与交流的重要意义。

总之，从决定开始储存白菜开始，这件事便成了我们班里的头等大事，幼儿持续地去观察白菜，并且把过程记录了下来。最后，我们进行了“冬储经验分享会”。在分享会上，两组幼儿对照着自己的记录，回忆着整个过程，分享了各自发现的问题以及白菜保鲜的时间。最后，他们得出结论：将白菜放在窗台的护栏上储存，保鲜时间为一周左右；在地窖中储存白菜是最好的方法，因为截至我们分享的时候，地窖中的白菜还没有出现腐坏的迹象，依然很新鲜。对于个中原因，幼儿虽然还懵懵懂懂，但是不妨碍他们在具体问题出现时思考、调整储存方案。我想这大概就是幼儿深度学习的体现吧。

三、教师反思

这是基于幼儿的生活发现开启的一次探究。正是因为“储存大白菜”是每个北方人（尤其是上了年纪的人）都会经历的生活事件，所以让幼儿有充足的资源去利用。我发现，幼儿在进行“不那么像学习的学习”时，往往会有更大的兴趣，正所谓有意义的学习的一个重要前提就是幼儿理解这件事与自己生活的关系，带有目的和兴趣去探索，并且能够设想探索的结果。

基于这次探究活动，我对如何发现有意义的探究命题有了新的思考。有意义的探究命题通常来源于我们生活中的智慧，其中蕴含着朴素而深刻的科学道理。这些科学道理不是从现代科学实验中来的，不需要借鉴精密的实验设备，而是古人从生活经验中提炼总结出来的，所有的变量和结果都是生活中可见、可理解的，所以它们更容易被幼儿理解。此外，有意义的探究命题通常有广泛的可延伸、可迁移的空间。“储存白菜”只是众多“储存”行为中的一个，“储存条件”是其中蕴含的关键经验，如果幼儿建立了这个关键经验，他们将会带着这个视角去观察身边更多“储存”的行为。在探究过程中，幼儿也许并没有提炼出抽象的有关储存的要素，但是他们的直觉帮助他们准确地判断了应该调整的变量，如温度、光照以及湿度，这些确确实实是“储存条件”这一关键经验的关键要素，待幼儿探索更多的与“储存”相关的命题后，他们自然就会归纳总结出以上要素。

另外，我还在思考：如何适时地提出问题？我牵引着幼儿探索的路径，提出了一个又一个环环相扣的问题。但是，有些问题太“及时”了，以至于幼儿没有机会自己发现问题。我意识到，幼儿不应该仅仅充当解决教师提出的问题的角色。我不禁反思：教师如何适时地介入？教师的提问如何更加聚焦于帮助幼儿提出好问题？这些都是我需要学习的方面。

四、分析与启发

幼儿是天生的探索者，也是主动的学习者。该案例展现了一个生动且富有教育意义的学前教育实践，充分体现了以幼儿为中心、贴近生活、注重实践与探索的教育理念，也反映出了幼儿在生活探究中的深度学习。人们习以为常的储存白菜过冬的行为，被幼儿发现，被教师关注，引发了连续的深入的调查和实验，而教师也巧妙地抓住了这一与幼儿生活紧密相关的活动，可以看出幼儿对于“如何储存白菜”有着强大的学习动机，教师也有着敏锐的观察力和引导力。随着问题的提出，幼儿进行了调查、咨询、查找资料、猜想、实验、对比、记录，整个过程中，出现一个问题，得到一个答案，又冒出另一个问题，这种连续而反复的问题解决过程，让幼儿学会了初步的科学探究方法。此外，我们还可以看到幼儿在实践中反思能力的发展，当幼儿尝试将白菜放在自己认为太阳晒不到的地方进行储存，发现这些方法并不奏效；当幼儿挖好地窖，发现摆不下白菜；当幼儿在白菜上面盖好被子，发现白菜还是受冻……这些失败的经历对幼儿来说是一次次宝贵的学习和反思机会，促使他们进一步思考和探索更有效的储存白菜的方法。

短短几周的探索，展现了幼儿在真实情境中愿意尝试解决问题的强大动机，多类型的学习场域让幼儿经历了整合性的学习和反思性的学习。可以说，幼儿的深度学习不在于是否有重大创造和创新，而在于基于幼儿原有认知水平和经验有更深层次的发展，它强调的不仅是幼儿的学习结果，更是幼儿积极、主动的学习过程，它关注的是幼儿在学习过程中是否发生深层次的思考，是否有真正高水平的认知活动的参与。

在该案例中，不仅可以看到幼儿的深度学习，也可以看到教师在深度学习中的角色及其发挥的作用。教师巧妙地利用幼儿对大白菜储存方法的好奇，将问题抛给幼儿，引导他们自主思考、讨论并提出解决方案。在整个探究过程中，教师始终扮演着引导者和支持者的角色。她鼓励幼儿自主思考、大胆尝试，并在关键时刻给予适当的指导和帮助。这种“放手不放眼”的教育方式，既保证了幼儿的主体地位，又确保了探究活动的顺利进行。同时，在反思中，教师能看到自己急于“介入”、忙于“引导”的状态，想必她定能在未来的教学实践中进行改进和优化，与幼儿一起浸入深入而有意义的学习。

（案例提供：北京市石景山区第二幼儿园　王艳晨　王　辰）

养 蚕 记

案例导读

养蚕记——在持续的观察中培养幼儿的科学探究能力

养蚕活动是许多幼儿园都会开展的项目，幼儿的兴趣往往集中在蚕明显的变化阶段，而缺乏对蚕初期生长过程的关注。本案例完整地展示了蚕的生长过程，而蚕不同阶段的生长需要也同时推动着幼儿不断发现问题、解决问题。幼儿在这个过程中，不仅了解了蚕的生活习性和生长过程，还发展了细致的观察力和科学推理能力。同时，该案例也是一次生动的生命教育实践。

一、故事的生成

一天早上，玮玮把一盒蚕带到了幼儿园，吸引了班里幼儿的注意，大家围着蚕宝宝看，感觉很新奇。

“黑色的小粒粒是什么?”“蚕宝宝身上为什么有这么多小点点?”对于这些“新朋友”,幼儿的头脑里似乎有十万个为什么,他们自告奋勇担任蚕宝宝饲养员,并且乐此不疲地讨论着关于“蚕宝宝”的话题,关于“蚕宝宝”的探究活动就此拉开了帷幕。

二、故事的发展

1. 蚕宝宝喜欢吃什么

蚕宝宝的食量惊人,来到幼儿园才小半天,玮玮带来的一袋桑叶就要被吃完了。“蚕宝宝快没有东西吃了,我们得赶紧帮它们找吃的!”“我们今天的点心有蛋糕,可以给蚕宝宝吃。”“香蕉这么有营养,它们应该会喜欢。”于是幼儿把蛋糕、香蕉揉碎,放在蚕宝宝的面前,可是蚕宝宝只是凑过去,然后就转移到别的地方去了。很显然,蚕宝宝不喜欢吃蛋糕,也不喜欢吃香蕉。

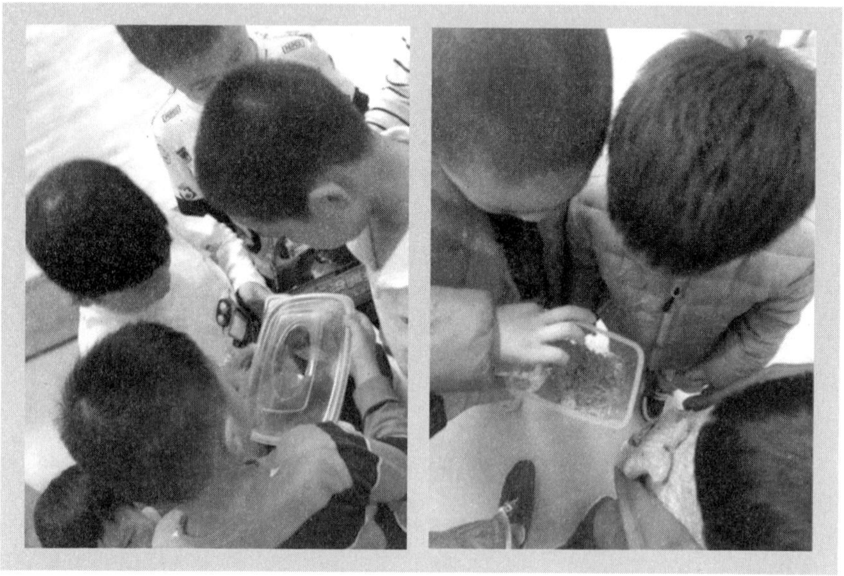

对于饲养蚕宝宝,幼儿并没有太多经验,他们简单地认为,只要

是自己爱吃的食物，蚕宝宝就爱吃。经过实践验证，这样的猜想很快就被推翻了。

“看来蚕宝宝只喜欢吃叶子。”“猎趣苑里有很多叶子，我们可以到猎趣苑里面去摘。”我们幼儿园有个猎趣苑，里面种了很多植物，幼儿的第一反应就是去那里找叶子，但是那里面其实没有桑叶。

我知道幼儿肯定会遇到新的问题，当他们遇到新的问题时会怎么解决呢？抱着这样的好奇，我决定跟着幼儿一起到猎趣苑里看个究竟。

幼儿兴致勃勃地来到猎趣苑，开始采摘叶子。“这个叶子绿油油的，蚕宝宝一定喜欢吃。”“蚕宝宝这么小，太大的叶子它们咬不动，要给它们准备小一点的。”

幼儿迁移自己吃菜的经验，采摘了看上去最好吃的叶子，然后放到了养蚕盒里，期待着蚕宝宝饱餐一顿。可是时间一点一点过去，蚕宝宝还是没有吃幼儿摘的叶子。

“是不是蚕宝宝不喜欢吃我们摘的叶子？”幼儿发现了问题所在——蚕宝宝只喜欢吃玮玮带来的那些叶子。

“为什么蚕宝宝只吃这种叶子呢？”幼儿用放大镜仔细观察、对比自己摘的叶子和玮玮带来的叶子，发现了桑叶的秘密。

“玮玮带来的叶子，形状像爱心一样，周边有很多尖尖的齿。”“这种叶子软软的，很容易折起来，其他的叶子比较硬。”“我发现这些叶子很薄。”“这些叶子的背面还有一些细细的毛毛。”原来，这些叶子还有很多细节上的不同。蚕宝宝喜欢吃的叶子形状像爱心，边缘像锯齿一样，背面还有一些小绒毛。

我告诉他们，这种叶子是桑树的叶子。这个时候，有幼儿提出：“我们要找和玮玮带来的一样的桑叶。”

对于如何找到桑叶，幼儿也想了很多办法。“可以把桑叶的样子画下来。”“可以用手机把桑叶拍下来。”“带一片桑叶去比一比就知道了。”

于是，幼儿第二次来到了户外。晴晴：“蚕宝宝喜欢吃的桑叶是爱心形状的，我在种植区见过爱心形状的叶子。”晴晴直奔种植区，来到了一片番薯地前。晴晴才摘了几片，有的幼儿就提出了异议：“我们要找的桑叶的边边是像锯齿一样尖尖的，这种叶子的边不是这样的。”大家又开始在猎趣苑里寻找起来，他们一会儿拿着照片对照，一会儿拿着叶子对照，还不时讨论、交流自己的发现。在寻找桑叶的过程中，幼儿通过细心观察、对比，使用条件排除法进行定向寻找，排除不符合条件的叶子。

从幼儿的表现可以看出，他们开始关注事物的细节，基本掌握了对比观察的科学探究方法及排除筛选的思维方法。此外，因为寻找桑叶这个问题来源于他们的好奇心和兴趣，而且是经过商讨后确认的最关键的问题，所以幼儿解决这个问题的热情特别高涨。

这一次，幼儿几乎转遍了整个幼儿园，还是没有找到桑叶，第二次寻找任务再次失败。“我们幼儿园里有这么多植物，却没有一棵桑树。”“要不我们在幼儿园里种一棵桑树吧。”“种一棵桑树太慢了，蚕宝宝会饿死的。”“那怎么办?”“我们到幼儿园外面去找吧。公园里有很多植物，那里应该会有桑叶。”“我可以回去问问妈妈哪里可以找到桑叶。”幼儿结合自己的生活经验讨论了起来，并约定放学后继续给蚕宝宝找桑叶。

连续进行两次尝试，幼儿都没能顺利找到蚕宝宝喜欢吃的桑叶，但幼儿并没有气馁，而是根据自己的经验积极地想办法解决问题。

为了让幼儿接下来的寻找过程更加顺利，放学后我将当天幼儿寻找桑叶的照片发到了班级家长群，并用简单的文字将幼儿寻找的过程及幼儿接下来的计划告知了家长，希望家长能够协助幼儿一起完成这个小愿望。

第二天，让大家惊喜的事情发生了。诚诚爸爸听说我们要给蚕宝宝找桑叶，一大早就送来了一整棵桑树！幼儿看到班级里出现了一棵桑树，开心极了。他们围着这棵桑树叽叽喳喳地讲个不停，还发现了挂在桑树上的桑果。

“这是草莓吗?”“不对，这看起来像小小的葡萄!”“不对，不对！这叫桑葚，可好吃了!”诚诚神气地说，俨然一副小老师的模样。“那蚕宝宝吃桑葚吗?”幼儿提议做一个小实验，他们从美工区找来了两个放饼干的托，分别在里面放上桑葚、桑叶，又都放进了几只蚕宝宝。

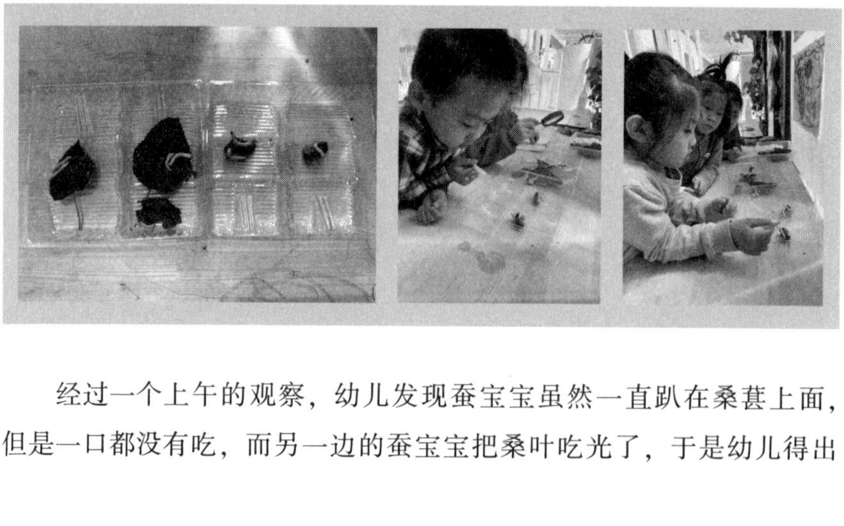

经过一个上午的观察，幼儿发现蚕宝宝虽然一直趴在桑葚上面，但是一口都没有吃，而另一边的蚕宝宝把桑叶吃光了，于是幼儿得出

了结论：蚕宝宝只吃桑叶，不吃桑葚。他们还用绘画的方式把自己的发现记录了下来。通过实验对比，幼儿对于蚕宝宝的生活习性有了进一步的了解。

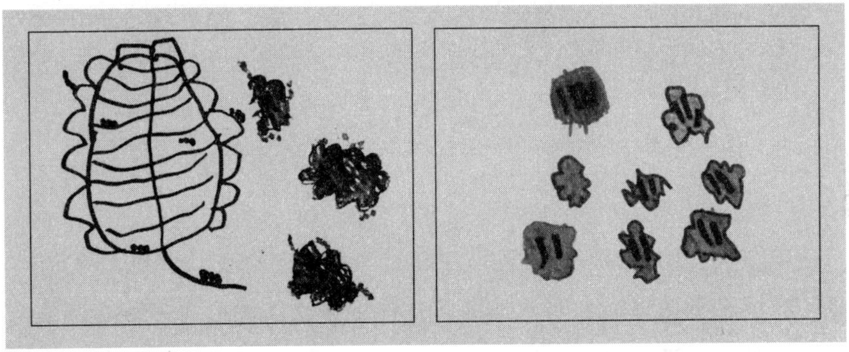

经过“蚕宝宝吃什么”的实验，幼儿尝试使用了实验验证的方法，并能够自主地将实验的经验进行迁移，自行开展“蚕宝宝吃不吃桑葚”的小实验，这说明幼儿初步掌握了对比、实验验证的科学探究方法。

2. 给蚕宝宝搭建新家

在幼儿的悉心照料下，蚕宝宝长得很快。有一天，幼儿发现蚕宝宝和平时不太一样，它们不像平时一样埋头吃桑叶，而是昂起头，身体不停地扭动。

“蚕宝宝生病了吗?”“它们在做什么?”“如果蚕宝宝生病了，我们要怎么帮它们治疗？老师，请帮我们上网查一下吧。”我问：“需要我查什么呢?”“查蚕宝宝生病。”“不对，万一蚕宝宝不是生病呢？应该查蚕宝宝不吃桑叶是为什么。”“还要查蚕宝宝昂着头、一直扭是怎么了。”

我按照幼儿提出的“关键词”进行搜索，了解到原来蚕宝宝是在准备结茧，而且它们需要在角落里才能更好地吐丝结茧。幼儿得知后，开始自发地为蚕宝宝设计可以结茧的家，还把自己的搭建计划带回家，和爸爸妈妈一起完成搭建。

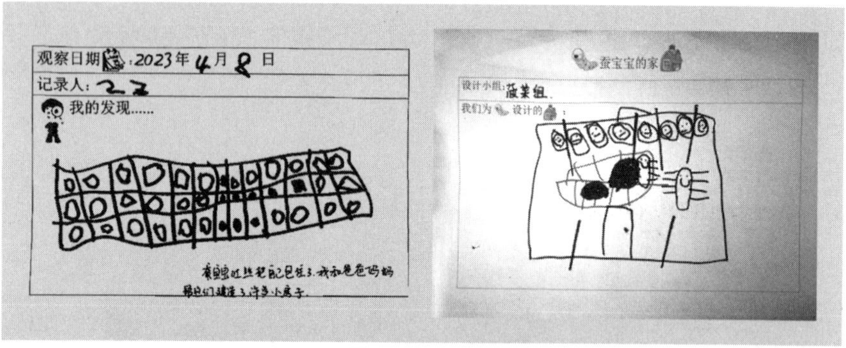

第二天，幼儿纷纷将自己搭建好的“蚕宝宝的家”带到了幼儿园。他们有的在鞋盒里横七竖八地插了几根棍子，以此形成一些交错的空间；有的将硬纸板剪成一条一条的，卡在盒子里，形成一个个小格子。幼儿小心翼翼地给蚕宝宝挪窝，看着蚕宝宝住上新家，他们的脸上露出了满意的笑容。

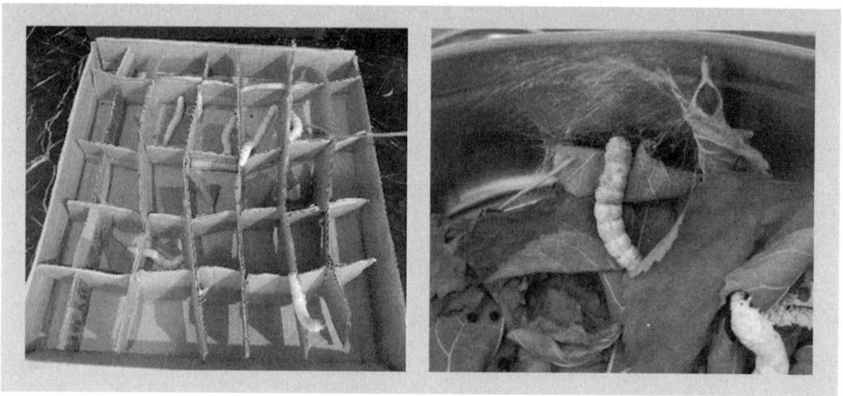

3. 蚕宝宝吐丝结茧、破茧成蛾

在等待蚕宝宝结茧的这段时间，我们迎来了清明节，因担心放假期间没有人照顾蚕宝宝，玮玮和几名自告奋勇当小小饲养员的幼儿就把蚕宝宝带回了家。清明节假期期间，蚕宝宝在小小饲养员家吐丝结茧，家长们将蚕宝宝吐丝结茧的过程的视频和照片发到了班级群，让全班幼儿都了解到蚕宝宝的变化。幼儿对"蚕丝是从哪里来的?""蚕宝宝不吃、不喝，会不会死?"等问题感到困惑，而当幼儿提出问题时，热心的家长们通过网络查找答案，并将照片和视频发到班级群和幼儿一起分享。

虽然幼儿无法在教师的引导下进行深入探究，但是他们对蚕宝宝的探究热情极大地感染了家长，家长们的积极参与为探究的延续发挥了极大的作用。

假期结束后，当小小饲养员们将蚕宝宝带回来的时候，许多蚕宝宝已经破茧而出，变成了蚕蛾。

4. 与蚕宝宝告别

随着蚕蛾陆陆续续地破茧而出，幼儿发现了一个奇怪的现象：两只蚕蛾屁股对着屁股。它们在做什么？我们通过网络查询答案，得知原来蚕蛾在进行交配、产卵，而这些蚕蛾交配、产卵后很快就会死去。

“蚕蛾产卵后为什么会死呢?”不少幼儿对此感到不解。由于导致这种自然现象的原理不是幼儿能够通过探究得出答案的，于是我组织了一次集体教学活动“蚕的一生”。通过活动幼儿了解到，原来这个阶段蚕蛾的口器已经退化，不能吃任何食物，只能依靠之前储存的营养来维持生命。而蚕蛾产卵时，会消耗很大的体力，身体里的养分也会耗尽。蚕蛾产卵后，完成了生物本身的任务，自然而然就会死去。

“蚕蛾还会活过来吗?”“不会了。”“为什么?”“因为它们已经死了，死了就不会再活了。”“它们会变成泥土。”

幼儿讨论的关于“死亡”的话题引发了我的思考，是否可以利用这个契机帮助幼儿更好地理解死亡呢?于是，我找来了一本图画书《一片叶子落下来》，和幼儿分享了一片叶子的一生。讲完故事，我问幼儿有什么感受，幼儿有的说“感动”，有的说“死亡一点也不可怕”。或许他们现在还不能很好地理解什么是死亡，但是我想，至少他们知道死亡并不可怕，这似乎就够了。

从幼虫到吐丝结茧到破茧成蛾再到产卵、死亡，蚕的生命仅仅维持了一个多月的时间。虽然时间不长，但对于幼儿而言，蚕蛾的离开让他们感到非常难过和不舍，于是他们产生了为蚕蛾建“新家”的想法。幼儿找来一个小盒子，把死去的蚕蛾放进去，埋在了他们种的铁冬青树旁，希望有铁冬青树的陪伴，蚕蛾不会感到孤单。

“如果别人不知道这是蚕蛾的新家，不小心破坏了怎么办?”“我们可以在上面放个牌子，写上字。”“还可以在上面放一点树叶。”最后幼儿决定给蚕蛾的新家取名为“绿草家”，还在上面铺上了厚厚的树叶。

玮玮还自发为蚕蛾画了一封信，信上是她和小伙伴一起来“绿草家”看望蚕蛾的画面。玮玮将这封信放在“绿草家”旁边的草地上时，嘴里还说着：“我们以后会经常来看你们的。”

5. 回忆、纪念蚕宝宝

在接下来的日子里，我鼓励幼儿将饲养蚕的过程画下来，并制作成了一本小书，放在图书区供幼儿自由阅读。幼儿在绘画以及阅读图书的过程中和同伴一起分享、回忆着和蚕宝宝在一起时的美好。在美术活动、区域活动中，幼儿还利用各种方式进行艺术表征，将关于蚕宝宝的美好回忆变成一份份充满爱的艺术作品。至此，蚕的饲养活动正式告一段落。

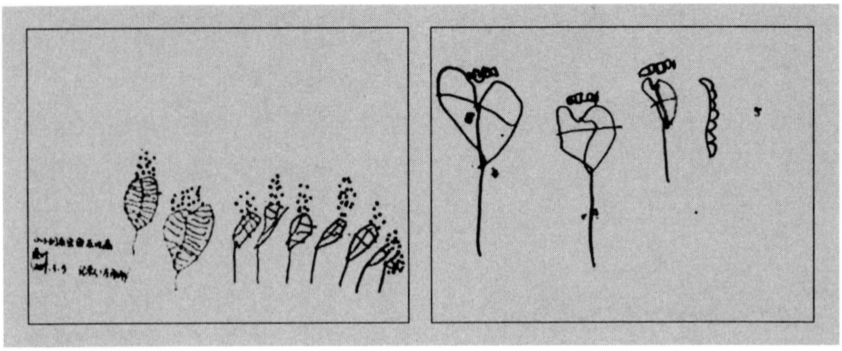

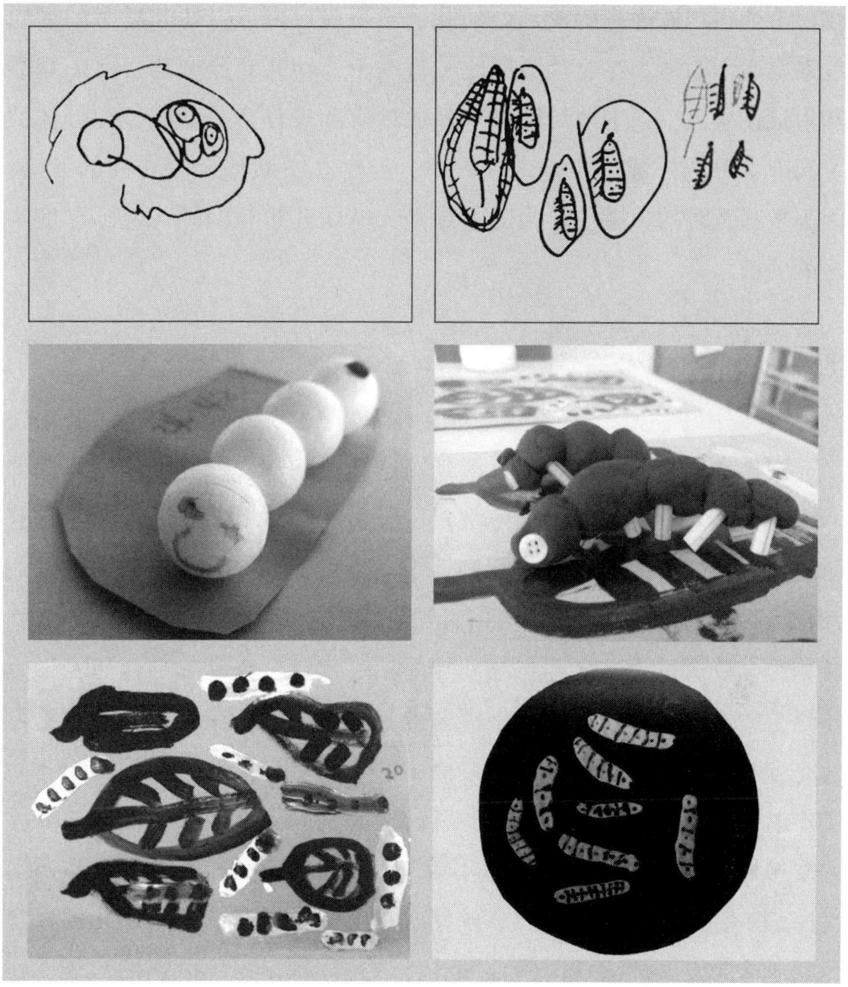

三、教师反思

饲养活动是幼儿园自然教育及生命教育的重要内容，回顾整个饲养过程，幼儿不仅亲身感受了生命的美好和消逝，还通过实际操作发展了科学探究能力，整个活动蕴含着幼儿多样化的学习与发展。

在一系列主题探究实践中，驱动型的问题贯穿幼儿学习的始终，在一个个问题被逐一解决后，幼儿的学习层层深入，幼儿思考的逻辑线索也逐渐明晰。在驱动型问题的带动下，幼儿充分调动自己的智慧和力量，自由、自主地与同伴一起通过实际操作解决问题，充分体验了深度学习的乐趣。在整个过程中，我也在不断地调整支持的策略，因为教师及时的追随、适当的引导是支持幼儿进行问题探究、深度学习的关键。

四、分析与启发

很多幼儿园都会开展饲养活动，这类活动深受幼儿的欢迎。饲养活动中蕴含着丰富的深度学习契机，其中一个重要的原因就是幼儿有机会将自己的生活经验迁移到饲养活动中。就像该案例中开始展示的那样，稚嫩的幼儿会本能地将自己喜欢吃的等同于小动物喜欢吃的。相信很多读者也会回忆起自己幼年时第一次饲养小动物的经历，你是不是也曾试图为它们打造一个温馨的家？对于幼儿来说，有效的学习总是建立在自身经验之上。该案例中的幼儿将自身经验迁移到饲养活动中时，有的经验得到了验证，有的经验受到了挑战，被挑战的经验需要被修正，如“我爱吃的”不等于“蚕宝宝爱吃的”，进而推演出“小动物有自己的生活习性”，这是去中心化的过程，也是幼儿的概念网络越来越复杂的表现。验证和修正的过程都是深度学习的体现，在皮亚杰的理论中，这就是“同化”和“顺应”。在这个过程中，幼儿对世界的理解越来越准确。幼儿的知识和经验不是被独立地搁置在一个个单独的“抽屉”里，而是彼此关联、互相印证，这些是形成深度学习中批判性思维的必要基石。

在该案例中，我们也可以看到教师在实践中避免不了追求幼儿尽量快速、准确地完善他们对一件事物的正确认知，尤其是当幼儿问出了教师也不知道该怎么解答的问题时，如案例中的“蚕丝是从哪里来的？”“蚕宝宝不吃、不喝，会不会死？”。面对这些问题，该案例中教师的解决方式是让家长帮助幼儿找到问题的答案。但是幼儿问出问题，真的只是需要答案吗？

教师之所以会找很多现成的资料去迅速解决幼儿的疑惑，如在网络上搜索答案，原因之一可能是教师缺少相关通识知识，即便教师有相关知识，也会不知道怎么让幼儿理解，也会疑虑会不会“超纲”了，这些都是因为教师将重点放在了“答案”上而非核心经验上。“答案”和“核心经验”的区别之一，可以用上文提到的“我爱吃的”不等于“蚕宝宝爱吃的”来举例。这个经验就是可以被迁移到其他情况下的具有辐射力的经验，幼儿可以推论出小狗、小猫、小青蛙、小蚂蚁都可能有它们自己爱吃的食物，而不必亲眼见到。而蚕宝宝具体吃什么，则属于答案。有些问题的答案可以被理解、被畅想、被操作、被验证、被解释，如对于“蚕宝宝吃什么”这个问题，幼儿可以去验证自己的猜想，所以他们找来了各种各样的食物，提供给蚕宝宝，他们可以在实验结果中找到正确的答案。对于更大的幼儿来说，在发现了“正确答案”后，他们可能还会发现更多依靠绿叶为生的昆虫，进而慢慢建立生物种群的初步概念。虽然这并不绝对，但是那些例外的状况又会催生出新的学习。

总之，幼儿需要的绝不仅仅是独立的正确答案，教师需要敏锐地察觉到问题背后涉及的更有价值的东西，那就是原理，即“为什么”。教师应该有信心，并且不断丰富自身的通识知识，来应对幼儿问出的“超纲”问题，不应将重点放在“答案”上，也不要轻易将查找资料作为“法宝”。诚然，寻求资料是一种获取知识的方式，也是幼儿在长大后必然掌握的技能。但在当今人工智能迅猛发展的现状下，我们应该珍惜宝贵的机会，让幼儿远离直接的求知方式，我们应该搭建“爬网”，鼓励幼儿自主探究，实现深度学习。

（案例提供：广州市天河区珠江新城猎德幼儿园　符静思）

多彩满洲窗

案例导读

多彩满洲窗

——通过美术活动中的深度学习培养幼儿的文化认知

满洲窗是广府传统建筑的一大特色，当幼儿园里装上了色彩斑斓的满洲窗，幼儿产生了强烈的好奇心。幼儿天生对美与新奇的东西充满兴趣，教师抓住幼儿的兴趣点，带领幼儿探索满洲窗的特点，并鼓励他们自己动手设计制作满洲窗。通过艺术创作，幼儿在实践中感受了传统文化的魅力，在设计过程中发展了空间感知能力、色彩搭配能力和艺术创造力。在该案例中，美术活动不再是单纯的艺术创作，而是文化认知和创新表达的载体。

一、故事的生成

幼儿园装了一扇满洲窗，幼儿对这扇五颜六色的窗户产生了强烈的好奇心。“窗户是五颜六色的，真漂亮！”“窗户由长长短短的木框分出了不同形状的图形，真特别！”“打开窗户像推开门一样，真奇妙！”“哪里还有这样五颜六色的窗户呢？”满洲窗引发了幼儿的热烈讨论和探索兴趣。

我想，探索满洲窗是具有教育价值的。满洲窗是广府文化的缩影，可以引导幼儿通过探索广府传统建筑，关注广府文化，感受广府文化的魅力，树立本土文化自信，并愿意传承广府文化。在这个过程中，幼儿也能体验人与周边生活环境和谐共处的愉悦感，逐渐懂得保护身边的生态环境。于是，我决定支持和引导幼儿对满洲窗展开探索。

二、故事的发展

1. 寻找、认识满洲窗

“哪里还有这样五颜六色的窗户?”这个问题一直萦绕在幼儿的脑海里，我提议他们先在幼儿园里找一找。于是，搜寻小分队带着问题出发啦!

我尽可能地给幼儿创设宽松、自主的探索空间，鼓励他们从周边熟悉的环境开始进行实地探寻并做好记录。幼儿在幼儿园里找到了各种窗户，有像门一样打开的推拉窗户，有由花纹玻璃镶嵌的格子窗户，有用木头做边框的窗户。可是，幼儿经过一番“查验”后，都像泄了气的皮球。“其他的窗户没有彩色玻璃，也没有各种形状的图形，都不是我们要找的窗户!”

于是，我提出建议："不如回家问问爸爸妈妈吧！"同时，我把幼儿当天在园的探寻发现和疑问反馈给家长，力求通过家园合作帮助幼儿解决问题。在问题的驱动下，幼儿积极地和爸爸妈妈共同查找资料，知道了这种五颜六色的窗户叫满洲窗，它通常在具有广府传统特色的建筑上出现。接着，幼儿又有了新的想法："我们去看一看这些传统建筑，找一找满洲窗吧！"由此，亲子实地参访之旅开启了。

2. 实地观察满洲窗

利用周末时间，家长带幼儿前往周边具有浓厚广府文化氛围的永庆坊、陈家祠、荔湾博物馆和上下九步行街等进行了实地参访，观察各种各样的满洲窗。有了实地参访的经验后，幼儿之间的谈话内容更加丰富了。

璇璇：“满洲窗全部都是木头框架，木头框架把窗分成了许多不同形状的图形。”屹屹：“每一格图形里是不同颜色的玻璃。”嘉嘉：“打开满洲窗就像开门一样推出去，这样就有更多的风和阳光进到屋子里面了！”谦谦观察得更仔细，他说：“满洲窗中间的玻璃上还有漂亮的图案，那块玻璃叫‘画心’，周围的地方叫‘衬底’。”瑶瑶补充道：“‘画心’上下、左右两边的形状和颜色是一样的。”经她这么一说，幼儿定睛一看，不禁发出感叹：“真的是一样的！”我惊讶着幼儿的洞察力，同时也不忘给予支持：“这叫对称，满洲窗大多会采用对称的装饰方式。”

幼儿通过实地参访了解了满洲窗的结构特点，在参访后的分享交流中，他们也能清楚地讲述自己的探索发现。而作为教师的我，更多的是充当倾听者和引导者，用心倾听幼儿的所见所闻和所思所想，鼓励幼儿尝试用图画、符号、照片等方式，对实地参访所获得的零散经验进行梳理、归纳和总结。

3. 了解广州特色民居——西关大屋

在瑶瑶的绘画记录中，我发现她在彩色的满洲窗周围涂了一圈灰色，不禁好奇地问道："为什么满洲窗周围是灰色呢?"瑶瑶说："我发现那些有满洲窗的房子都是灰色的。"幼儿也好奇地凑了过来，提出了疑问："那些灰灰的房子和我们平时住的房子有什么不一样?"

为了充分利用家长资源支持幼儿进行探索，我专门邀请了称得上"老西关"的浠浠爷爷，向幼儿介绍广府传统建筑。浠浠爷爷还重点介绍了他在西关住过的房子，让幼儿对具有广府特色的西关大屋有了更深的认识。通过倾听浠浠爷爷生动有趣的讲解，他们知道了西关大屋的三大特色——水磨青砖、趟拢门和满洲窗，而那些灰灰的砖头就是水磨青砖，还知道了西关大屋具有冬暖夏凉的优点。

讲解活动后，我有意识地引导幼儿对零散的经验进行总结和梳理，鼓励他们通过与同伴合作、讨论，绘制思维导图，梳理自己的探索思路。幼儿通过思维导图总结和归纳经验，促进了对问题的深度思考，也逐渐形成了自主反思的意识和习惯。

听了浠浠爷爷的介绍后，“西关大屋”成了他们交流的话题。

琨琨：“原来西关大屋这么环保！”

浠浠：“可惜现在这样的建筑越来越少了，没法住在这么环保的房子里。”

瑶瑶：“那我们更应该好好保护它们，让更多的人认识传统建筑。”

玥玥：“不如我们做一扇满洲窗吧！”

于是，怎样制作满洲窗成了幼儿下一步探索的内容。

4. 制作满洲窗

幼儿结合班级里的实际环境，积极思考着怎样在班级里制作满洲窗。班级里的玻璃窗虽然不像满洲窗那样利用特有的推拉开合方式来控制通风，但以左右推拉方式也同样能保证室内是通风透气的。因此，幼儿决定把班级里的玻璃窗装饰、改造成满洲窗。

选用什么材料呢？“用画纸画？”“用水彩笔在玻璃上涂？”经过一番操作对比，创创发现白纸不透光，水彩笔涂在玻璃上不上色，都不适合制作满洲窗。在坚持不懈的探索后，创创发现，透明的彩色胶片薄薄的、软软的，最适合制作满洲窗。

选用什么工具粘贴呢？幼儿经过了一轮对比实验，发现固体胶贴不稳，双面胶和透明胶贴完有痕迹，只有手工胶水最贴合且能不留痕迹。

在开始动手制作前，有的幼儿提议先画一个设计图，画图时他们还不忘相互提醒："记得图形要对称装饰。"

开始制作啦！幼儿在塑料底板上用黑色胶带贴出大大小小的窗棂。轩轩遇到了麻烦，他说："怎么一到转弯的位置就贴不平呢？"瑶瑶说："来，看看我是怎么做的！"说着，瑶瑶示范起来。只见她在贴弧度较大的图形时，先剪出一小段胶带，再沿图形轮廓贴，然后剪掉多余的部分，这样贴出的图形轮廓很平整。轩轩受到了启发，调整方法后重新贴出了平整的轮廓。

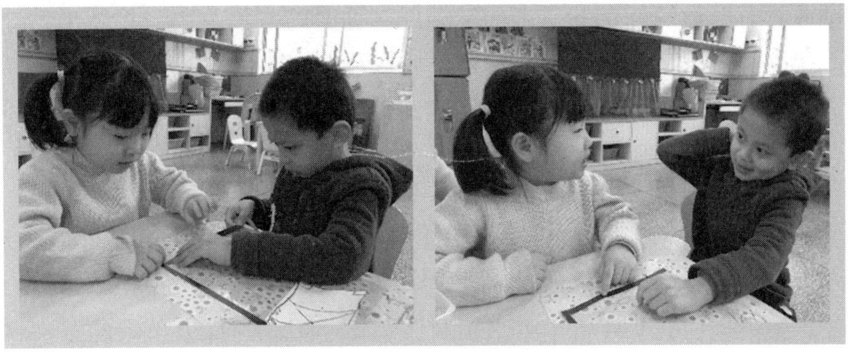

贴完平整的窗棂后，幼儿开始着手剪贴图形了。屹屹将彩色塑料片覆盖在已贴好的窗棂上，用记号笔沿着窗棂轮廓描画出图形后再剪出图形。他拼贴好后，眼尖的扬扬发现了问题，他指出：“图形上有记号笔画过的痕迹。”言言也指出：“满洲窗是五颜六色的，现在每一格的颜色都差不多。”

确实，从幼儿初步制作出来的作品来看，他们缺乏对满洲窗的颜色美、图案美以及对称美的深刻感知。由此，我先后通过美术活动“对称的美”“认识冷暖色”以及数学活动“好玩的对称图形”，引导

幼儿学习图形的分割和拼合，学会用对称剪的方法剪出对称图形，进一步学习冷暖色调的搭配、图形的对称等。幼儿的新旧知识间有机整合，为后续调整和改良满洲窗奠定了经验基础。通过一系列的感知体验，幼儿更加明晰了满洲窗的制作要领。

玥玥："差不多颜色的图形不要拼在一起，冷暖色搭配才好看。"

嘉嘉："还要用对称的方法拼贴图形。"

接下来，幼儿开始了第二次制作。瑶瑶用先前探索出来的方法将即时贴剪成小段再拼贴，尝试拼贴出对称的窗棂，结果发现要比对很久才能勉强对称。当把事先剪好的图形镶在窗棂里时，又遇到了大小不吻合的问题。这时，其他几名幼儿也遇到了类似的难题，他们犯难地说："这可怎么办呢？"

为此，在集中分享交流的环节，我鼓励幼儿大胆分享自己在制作过程中的成功经验。玥玥的分享正好给了大家启发："我是先把剪好的对称图形放在底板上摆好位置，上胶固定后再用胶带沿着图形轮廓贴上窗棂，这样就不会出现图形不对称和大小不一样的问题了。"确实，玥玥展示出来的满洲窗色彩和图形搭配合理、美观，边线贴合、平整。其他幼儿受到启发后，又积极地投入新一轮的制作。

经过了多次的尝试和调整后，幼儿终于合力制作出了一扇五颜六色、对称美观的满洲窗。

5. 粤传承，我做到

幼儿将制作好的满洲窗贴在了教室的窗户上，每天上午，室外灿烂和煦的阳光从色彩斑斓的满洲窗照进来，那是幼儿最期待、最愉悦的时刻。“桌子是彩色的！”“地板是彩色的！”“玩具是彩色的！”“我的身上是彩色的！”“你的脸蛋是彩色的！”“窗外的树影也是彩色的！”“我喜欢满洲窗，它给我们带来了彩色的心情。”“我也喜欢满洲窗，那是西关大屋的特色。”

完成满洲窗的制作并不是幼儿探索的终点。作为教育者，我认为应该继续深挖广府文化内核，运用专业智慧帮助和支持幼儿进行经验迁移和提升，层层递进地引导他们从认识满洲窗、制作满洲窗上升到爱家乡、爱广州，树立文化自信，愿意传承广府文化。因此，我顺势加入幼儿的谈话：“广府的特色建筑可不止有西关大屋哟。”

嘉嘉：“我知道，还有骑楼、碉楼。”

源源：“不如我们在教室里建造西关大屋、骑楼和碉楼吧！让更多的人认识这些特别的广府建筑。”

馨馨：“我们还要告诉更多的人要好好保护这些传统建筑。”

幼儿的想法也得到了家长们的支持。玥玥妈妈利用周末带着玥玥参与社区志愿服务，和社区的叔叔阿姨一同宣扬广府传统文化；璇璇妈妈和璇璇一起制作了宣传短片“广州骑楼”，让更多的人了解广府传统特色建筑。

就这样，一颗宣扬、传承地域传统文化的种子在幼儿的心中生根、发芽。

三、教师反思

这一扇满洲窗把阳光引进来，让幼儿充分享受着大自然的馈赠，体验着广府文化的魅力，更激发了他们对广府文化的关注和传承的愿望。在探索制作满洲窗的整个过程中，我注重幼儿的学习需要，为他们创设了适宜的环境，提供了适宜的材料，支持他们进行自主探索。我始终相信幼儿是有能力的学习者，因此，我坚持以信任幼儿为前提进行观察和倾听，细心解读幼儿的游戏行为。尤其是在幼儿自主发现问题时，我没有急于介入，而是给予他们足够的思考空间，支持他们进行交流与合作，促使他们将获得的经验进行迁移运用，最后独立解决问题。同时，我也注重情感上的支持，我对幼儿的行为表现给予了积极的回应，保护了他们的探索兴趣和热情。

我欣慰地看到，幼儿能够主动与同伴合作探寻解决问题的办法，他们积极参与讨论，大胆表达、操作和验证，细心分析与比较，自主梳理经验、调整方法，最终解决问题，从而逐渐形成了“发现问题—分析问题—解决问题”的思维模式。幼儿从中体验到了成功的乐趣，表现出了坚持性、专注性、自主性和主动性等良好的学习品质，他们的探究能力也获得了发展。

在大量的体现深度学习的案例中，对某个物品或者科学现象的探究是最常见也是相对最容易实现的。但是，一旦涉及社会领域的深度学习，就往往容易陷入浅、杂的状态。因为体验文化本就是相对抽象的过程，塑造心灵也不是在一个活动结束后就能看到外在成果。我之所以支持幼儿探索“满洲窗”“西关大屋”，是因为幼儿对一件事情的情感，总是缘于喜爱和珍视，对文化也不例外。如果幼儿不能“看到”文化，谈何“喜爱”文化？更谈何“传承”文化？文化就体现在一件件有故事的物件、一桩桩动人的故事中，幼儿对这些物件、故事产生喜爱、珍视之情，自然就会感受并认同更为抽象的文化。文化的传承，就在这个过程中发生。

四、分析与启发

该案例充分展现了幼儿基于探索与体验的深度学习。该案例以满洲窗为切入点，通过师生共同探索与家园协同教育，深入挖掘广府文化的精髓，体现了良好的教育理念和实践。

1. 以幼儿的兴趣为出发点

该案例从幼儿对满洲窗的好奇出发，充分利用了幼儿的兴趣点，引导他们进入探索的过程。满洲窗是广府文化的缩影，通过教师的引导，幼儿逐步认识到满洲窗在广府建筑中的独特魅力。这一环节不仅激发了幼儿的探索欲望，更培养了他们对本土文化的自信与认同。

2. 支持幼儿自主探索

在整个活动过程中，幼儿的探索空间从幼儿园扩展到家庭与社会，通过实地参访、亲子合作等方式，深入了解了满洲窗的特点。这种探索方式不仅拓展了幼儿的知识面，更让他们在实践中体会到了合作与交流的重要性。

（1）自主探索：幼儿在幼儿园内寻找五颜六色的窗户，虽然初次探寻未能找到理想的目标，但这个过程让他们体验到了自主探索的乐趣。教师在这一过程中给予了充分的支持和引导，鼓励幼儿大胆提问和思考。

（2）家园共育：教师充分利用家长资源，使幼儿在家长的帮助下了解关于满洲窗的更多信息。这种家园共育的方式不仅提高了幼儿的学习深度，也加强了家长与幼儿园的联系与合作。

3. 注重幼儿的体验与感悟

通过实地参访，幼儿在家长的陪同下参观了具有浓厚广府文化氛围的地点，直观地感受到了满洲窗的独特魅力。这一过程不仅满足了幼儿的好奇心，也让他们在亲身体验中感悟到了文化的深厚内涵。在参访过程中，幼儿通过观察和记录，逐渐学会了用自己的语言和方式表达对文化的理解。幼儿在参访后的分享交流环节中，能够清晰地讲述自己的发现和感受，这不仅锻炼了他们的表达能力，也促进了同伴之间的交流与合作。

4. 聚焦幼儿的问题解决能力与思维模式

在实地参访后，教师鼓励幼儿通过绘制思维导图等方式，对自己获得的经验进行梳理和总结。这种方法有效促进了幼儿对问题的深度思考和自主反思，逐步形成了“主动地、积极地发现问题—分析问题—解决问题”的思维模式。在制作满洲窗的过程中，幼儿面临着材料选择、工具使用等实际问题，这些问题的解决过程是幼儿思维能力和动手能力综合发展的过程。在这个过程中，幼儿通过反复实验和讨论，最终找到了适合制作满洲窗的材料和工具。

5. 充分发挥引导者和支持者的作用

在整个教学过程中，教师始终扮演着引导者和支持者的角色，通过有效的观察和倾听，细心解读幼儿的探索行为，给予他们充分的思考和实践空间。教师的专业引导不仅帮助幼儿解决了实际问题，也培养了他们的自主学习能力和探究精神。

6. 推动实现教育的深层目标

活动的最后，教师顺势引导幼儿将对满洲窗、西关大屋的探索延伸到广府文化的其他方面，这种层层递进的教育方式，不仅让幼儿对广府文化有了更全面的认识，也在他们心中种下了保护和传承广府文化的种子。

综上所述，该案例充分体现了幼儿深度学习的理念。幼儿在强烈的内在动机的驱使下，进行了自主探索、实地体验和问题解决等多种学习活动。在整个学习过程中，幼儿的自主性、合作性、探究能力、反思能力、经验迁移与运用能力以及问题解决能力得到了有效提高。同时，通过对本土文化的深入了解和体验，幼儿的文化认同感和文化自信得以增强。教师在这一过程中扮演了关键的引导者和支持者角色，使幼儿在探索的过程中获得知识、发展思维、培养能力，最终实现了教育的深层目标。

（案例提供：广州市第一幼儿园　白锦红）

小车动起来

案例导读

小车动起来——从自由玩耍到高质量游戏

户外的建构游戏再常见不过，如何让自由玩耍变成一段高质量的游戏历程？该案例通过记录幼儿在操场上拼搭小车的过程，生动地展现了科学探究、工程思维和团队合作如何在无拘无束的游戏中发生。幼儿最初只是随意地拼搭小车，但当他们发现小车无法顺畅前进时，探索的旅程便悄然展开。他们不断寻找新的材料，尝试不同的轮轴结构，从拼装小车到拼装大车，还体验了多人乘车的快乐。这一过程中，没有成人预设的目标，只有幼儿自发的兴趣驱动和不断探索的热情。自由游戏与深度学习在这里交汇。

一、故事的生成

户外自主游戏通常是幼儿最喜欢的时光，我们幼儿园的户外场地上有很多大型积塑玩具，幼儿总是乐此不疲地用这些玩具拼搭出各种游戏道具，然后自由地游戏。车是常见的拼搭主题，但这次拼小车的经历有些特别，令人久久难忘。

这一天，又到了幼儿喜爱的户外自主游戏时间，有几名幼儿找到了拼汽车方向盘的方法，他们以方向盘为起点，继而拼搭出了一个小汽车模型。模型拼出来之后，他们坐到小汽车上，一边操作方向盘一边开汽车，自豪地向同伴们展示。旁边的幼儿看见了，纷纷加入了坐车的队伍。还有的幼儿受到鼓舞，拼出了新的小车。渐渐地，场地中的小车越来越多，幼儿还试图为小车增加一些“改良”的痕迹：有的幼儿垫高了座位，让视野更好；有的幼儿丰富了“中控台”的设置。我看到幼儿付出了很多心血，于是跟其他老师商量了一下，没有像以往那样在游戏时间结束时将幼儿拼搭的小车进行拆解，而是将它们保留下来，作为全园幼儿都可以玩的玩具。

二、故事的发展

1. 组装会动的小车

接下来的几天，每天都有幼儿来到停车场玩这些小车。直到有一天，小羽找来了一支粉笔，在地上画起了线条。“这个是路线图，你们的车按照我的线来走，就知道要去哪里了！”小羽认真地说道。

幼儿听到后跃跃欲试，他们试图用双脚不断蹬地的方法制造动力，这是他们惯用的玩法。遗憾的是，小车丝毫未动，甚至有散架的迹象。幼儿停了下来，有的放弃、走开，有的看着长长的路线图不甘心地留在原地。事情有点僵住了，是放弃还是继续？

看到此情此景，我觉得是时候介入了。不是因为幼儿遇到了困难，而是因为他们想要放弃解决困难。我感谢小羽，他提出了一个特别好的玩法，为游戏增添了新的可能性，也带来了新的挑战。这个玩法是小羽的新兴趣，它同时激起了很多幼儿的兴趣，当然，也包括我的兴趣。

我走到小车边，问他们在做什么。晴晴说："我想坐会动的小车。""会动的小车？想想就很有趣。但是，怎样才能让这个小车开动起来呢？"我表示自己也被难住了。景豪："这个圆圆的方向盘好像车轮！"轩轩："我觉得可以加一块木板让小车变成真的！"在幼儿讨论的时候，然然找到了两个像方向盘一样的圆盘积木，用棍子将它们连接起来，组成了可以前后滚动的车轮。轩轩："这是车轮！我知道！在两个这样的车轮中间放一块木板，就能变成一个平板车！"说着，他和其他幼儿又拼了一个同样的车轮，然后又找到一块木板，放在两根棍子上，一个有模有样的平板车就做出来了。

2. 小车散架了

幼儿兴奋地坐上小车，小车上坐满了乘客，大家都想体验一下这个会动的小车。可是刚向前移动一小段距离，只听见"啪"的一声，随着车轮往前滚动，小车上的木板滑出了车身，两头的车轮各自散开，小车散架了。

突然出现的问题让幼儿陷入了苦恼，但这次他们没有放弃，而是执着地思考解决问题的办法。“把轮胎再拼回来！”“我们慢慢开。”“每次开一小段路就好了。”“小车没走多远就散架了，我觉得要找一条直直的路。”幼儿各抒己见、彼此倾听，他们尝试与同伴合作、交换意见，共同完成一个作品。这不就是从联合游戏逐渐向合作游戏转变的表现吗？

很快，幼儿在讨论中发现，车子只能慢慢地开，开着开着就会散架，还不能转向，只能一直往前开。看！幼儿对于简单的机械原理有着宝贵的直觉，能够总结出失败的“症结”所在，除了总结，也能预测。我想，我需要组织更多的讨论来推动这个活动的发展。

3. 寻找小车散架的原因

“为什么小车散架了？”我问道。“因为人太多了，坐不下我们这么多人。”“所以，你们找到了一个原因？”我接着问道。幼儿听到“原因”二字，马上知道了下一步该怎样做——减少乘车的人数。在这次尝试中，他们开得比以往更慢，更仔细地观察小车移动时各个部件的变化。

“这一次你们发现了什么？”我问。“在我们往前开的时候，轮子往前走，木板也会跟着往前走，走着走着，木板就掉了，轮子也散掉了。”通过这次尝试，幼儿很快发现小车向前移动时，木板其实是不能固定在棍子上面的，它只是在上面滑行了一段距离。

4. 替换材料，连接车身与轮子

轩轩提出："不如我们换一种材料。"于是有的幼儿找来了梯子，尝试架在上面，但梯子依然会往前滑动。这时，景豪提出："必须要把这个木板固定在棍子上面，不然小车还是会散架。"

其他幼儿同意景豪的想法，大家将发现的问题记录下来，并且开始带着猜想有计划地寻找新材料。他们发现：垫子太软，把它放在小车上，小车根本动不起来；大块积木拼出的车身太大，没办法放在上面。于是，幼儿继续寻找能使用的材料。就在某个角落，景豪发现了不一样的梯子——一个带有卡槽的木梯！看见梯子后，幼儿连连点头，他们觉得这就是要找的材料。

"我们刚刚也尝试了梯子，为什么这个梯子能做到呢？"我用提问的方式帮助幼儿澄清想法。"这个梯子前面和后面的位置可以刚好将棍子卡住，能固定车身和车轮，小车就不会散开了！"

幼儿很快将发现的木梯一起搬到车轮旁，打算验证他们的猜想。果然！两个卡槽刚好卡在棍子上，同时小车还能开动起来！幼儿激动地跳了起来，他们兴奋地说："我们做好小车了！不会散开，还能坐很多人！"

游戏进行到现在，幼儿不仅实践了总结经验、分析原因、集体讨论、制订计划、验证猜想等学习过程，还收获了新的知识点——轮轴。之前，他们只是关注到了车轮，这次尝试后，他们发现了轮轴的重要性。通过这次探索，幼儿收获了满满的成就感，他们更加乐于发现新问题，萌生新想法。

5. 小车升级为大车

很快，这辆会动的小车受到了大家热烈的欢迎，其他幼儿纷纷效仿，组装出了更多的车。有一天，幼儿想再组装出一辆大车。令我惊奇的是，幼儿能够举一反三。他们将多组车轮进行拼装，形成了一个巨大的底盘，整个车子的轮子居然有 12 个！他们又找到了更多适合固定在轮轴上的木梯，然后组装成了一辆大车。这辆大车将户外场地上的幼儿都吸引了过来，有 20 多名幼儿一起乘坐这辆"巨型卡车"，还有幼儿主动站在车尾，负责推车。

这之后大概 1 个月的时间里，幼儿每天都期待着自主游戏活动时间。在很多游戏都更换的情况下，幼儿唯独对这辆大车的兴趣不减。随着越来越多的幼儿加入，新的想法也在不断产生："我想把它变成坦克。""我希望在车上能做更多的事情。"……

在思维的不断碰撞下，幼儿发挥了无限创意，各式各样的车在户外区域中自由穿梭。

6. 会转弯的小车

在游戏时，幼儿也发现了小车的一个共性问题：小车只能一直往前走，不能转弯。于是我鼓励幼儿运用已经实践过的解决问题的策略——观察和发现小车哪里出现了问题。“小车的车轮被中间的柱子固定住了。”“小车没有方向盘。”“梯子卡住了车轮。”……幼儿把自己发现的小车需要改变的位置都画了下来，又想了一些新的办法，他们尝试了许多天，还是没有头绪。当得知大班的哥哥们特别喜欢汽车后，幼儿想到向他们寻求帮助。于是我们邀请了大班的幼儿参与讨论。原来，车轮转方向需要方向盘带动中间的车轴运动。但小车和我们平时生活中的汽车不同，汽车上安装了转向装置，转动方向盘后，会带动左右的车轮同时偏转一定角度，而我们的小车的车轮是在同一根车轴上。

幼儿开始寻找材料，并进行尝试。经过多轮尝试后，幼儿将解决问题的关键聚焦在了梯子的卡口上。于是幼儿使用了新材料，让车轮可以固定在梯子上，再解决转向的问题。

然然：“我们应该用扣子将柱子扣住，这样中间的柱子就可以左右动了！”

扬扬：“我觉得把轮子分开才能转方向！”

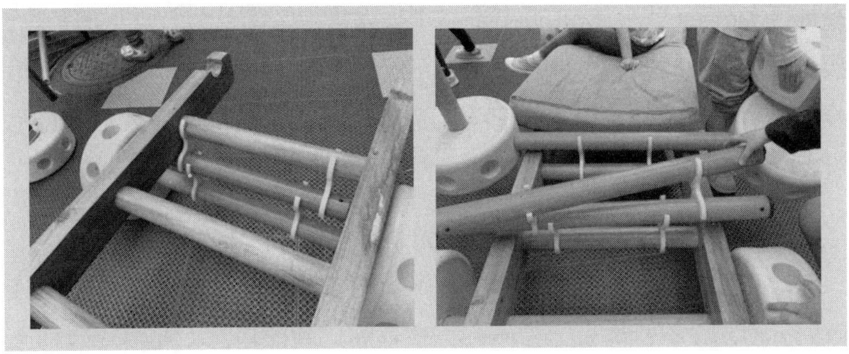

在尝试之后，幼儿发现，将两个车轮分开一些，小车真的可以改变方向了！越来越多的幼儿围在小车旁，讨论这一新发现，同伴们赞叹不已，纷纷用这个办法改装自己的小车。至此，关于“小车”的自主游戏活动告一段落。

三、教师反思

在关于“小车”的户外自主游戏中，幼儿始终保持着较浓厚的探究兴趣，不断地自主发现问题、自主解决问题。随着游戏的不断深入，他们了解了不同材料的作用，能够自由地组装零件，他们的建构水平在不断提升，解决问题的能力也在不断提高。通过一系列的探究活动，幼儿养成了初步的科学探究思维，他们会在观察中发现问题，思考解决方法并进行验证，最后形成解释、得出结论。我认为，整个过程体现了幼儿的深度学习。

体现一：以问题为导向，进行深入探索

幼儿的探究能力是指其在探究解决问题的过程中综合运用各种方法的能力。在游戏中，搭建小车的每个环节都是在幼儿发现问题的前提下进行的。开始时，组装会动的小车引发了幼儿对“小车散架”问题的解决办法进行猜想和假设。他们尝试使用不同的材料进行验证，在进行多次尝试后，幼儿得出了“木板无法固定在棍子上面”的结论。接下来幼儿围绕“还可以怎样组装车?”“车如何转向?”，聚焦车的组装和移动的问题进行深入探索。至此，幼儿有了初步的探究能力，也就在一定程度上具备了主动学习、自主学习的能力。

体现二：同伴合作，构建经验框架

幼儿陈述自己的结论、解释和交流的过程，往往就是最佳的交往瞬间。幼儿在不断地表达、倾听，整理收集到的信息，并形成新的互动交流，产生新的经验。如，活动中然然听到了幼儿讨论的方法，便默默尝试将棍子和圆盘积木组合成车轮，这为其他幼儿扩宽了思路。幼儿间的交流与讨论对于幼儿的科学知识与经验的形成有着重要的作用。在接下来幼儿讨论小车转向的不同方法时，也能看出幼儿从具体形象思维到初步抽象逻辑思维的转变。

体现三：熟悉材料特性，形成经验迁移

幼儿从最初需要不断体验平板车的运动才能发现材料的特性，到后来根据建构需求设计、搭建独立车轮，整个过程中幼儿能结合材料特性进行材料替换，能根据已有的游戏经验创造性地利用现有的材料，解决新游戏中的类似问题，他们的经验迁移能力得到了一定的发展。

活动后，我从两个方面进行了思考。第一，每次建构结束后，幼儿纷纷表示不舍得小车被拆解，那么可否保留部分作品？该怎么保留？这些可以成为接下来的讨论要点，让幼儿对建构作品更有归属感。第二，在游戏进行的下一阶段，可以提供汽车零件中常见的齿轮以及大型材料拼接工具；或与幼儿共同讨论转变小车方向还可以使用的其他材料并进行投放；还可以围绕其他问题引导幼儿继续进行深入探索，如小车哪个部分可以优化，如何让小车更轻便、移动更快速，等等。

回顾这段历程，过程比结果更宝贵。作为教师，追随幼儿，保持敏感，就会发现幼儿的深度学习时时刻刻都在发生。

四、分析与启发

这是一篇记录幼儿建构交通工具的课程故事，能给我们带来以下启发。

工程类的探究活动需要充足的、不同结构的材料作为支撑。幼儿还处于具象化思维的阶段，他们“眼到心到”，很难脱离实际材料在头脑中生成解决方案。我们看到该案例中的教师会鼓励幼儿在实际操作之前先观察、记录可用的材料，那也是基于幼儿对材料有一定的探索和熟悉度。

教师需要在关键环节运用支持性的策略。该案例中的教师能够把握介入的时机，如文中提到介入时机时写道，“看到此情此景，我觉得是时候介入了。不是因为幼儿遇到了困难，而是因为他们想要放弃解决困难。”教师对幼儿的问题非常敏感，善于抓住有价值的点，如小羽提到的“路线”。教师也善于澄清幼儿内隐的科学直觉，如问幼儿：“我们刚刚也尝试了梯子，为什么这个梯子能做到呢？”这反映了教师的科学素养和“不教而教”的技巧。此外，当一天的游戏告一段落，教师保留了幼儿拼搭的半成品，使幼儿对车的“升级”得以不断持续。

在该案例的教师反思部分，教师计划就“如何保留半成品”“还可以使用哪些材料”等邀请幼儿共同探讨，这为如何将项目学习一步步充盈丰满起来提供了有益的思路。可以说，每一次问题的发生，都可视作学习的契机。该案例体现了在自主游戏中实现深度学习的几个要素，包括一个好点子、一群幼儿、适当数量的材料、不被打扰的时光、被尊重和保护的游戏成果，以及充满智慧的旁观者和参与者——教师。

（案例提供：广州市天河区珠江新城猎德幼儿园 周 纯）

大 班

新生入园大带小

案例导读

新生入园大带小——践行社会领域的深度学习

深度学习多发生在科学探究活动中，如何促进社会领域的深度学习，是一个不小的挑战。该案例的独特之处在于，教师巧妙地利用新生入园这个所有幼儿园都会经历的事件，使“帮助新生入园适应”演变为大班幼儿社会领域的深度学习。这个过程促进了他们的社会性发展，培养了他们的同理心、耐心和责任感，同时提高了他们的观察、记录、分析能力。这不仅是新生的适应之旅，更是大班幼儿的一次社会性成长训练。

一、故事的生成

新学期开始了，我们班的幼儿从中班升入了大班。

幼儿回到幼儿园，见到自己的好朋友，彼此交流着暑假的趣事，同时也分享着各自的变化。作为老师的我，当然也注意到了这些变化。仅仅过了一个假期，幼儿显得长大了很多，他们懂得了更多的社会规则，越发有礼貌，对一些问题有了自己的见解。种种迹象都表明，他们的社会性发展到了一个新的阶段。刚好，我们幼儿园的以大带小入园适应项目开展在即，我想，开学后的第一个探究主题为何不从此入手呢？结合我园以大带小的爱心文化，我们开启了一场“以大促小”的项目活动。

这个活动不是第一次开展，在过去的几个秋季开学季，我们幼儿园都会邀请大班的哥哥姐姐用自己的方式照顾小班新入园的弟弟妹妹，帮助他们尽快适应幼儿园生活。一般来说，是大一班的幼儿照顾小一班的幼儿，然后按序对应。但是，这个 9 月有点不一样，因为新入园的小班有 8 个班级，而升入大班的班级有 9 个，多出来的那个班刚好就是我带的班级——大九班。这可怎么办才好？我们可以做些什么呢？

一开始，我们都没有头绪。既然没有头绪，就索性边做边想吧，也许思路会在做的过程中自然浮现。于是，我们在没有明确自己的“使命”的情况下，开始了迎新活动。

二、故事的发展

1. 明确任务

在开学的前一天，我们班的幼儿提前来到了小班班级的位置，尝试熟悉从幼儿园门口到班级的路线，为后面护送弟弟妹妹进班做好准备。

第二天一早，部分幼儿加入了迎新的行列，正式迎接弟弟妹妹入园。回到班级后，参与迎新的幼儿向大家分享了他们在迎接弟弟妹妹入园过程中的发现及想法。

迪迦：“开学第一天迎接弟弟妹妹，我很开心，我会牵着他们的手送他们去班级，但是有的弟弟妹妹不愿意让我牵。我还看到很多弟弟妹妹在幼儿园门口哭，不愿意进来。”

糖宝：“我看到很多大班的小朋友在观察弟弟妹妹的表现。”

我问道：“弟弟妹妹们为什么会有这些表现？”“他们年龄太小了，会害怕。”“他们第一天上幼儿园，对幼儿园很陌生。”“他们不想离开爸爸妈妈。”“可能他们有很多事不会做。”“他们不知道幼儿园有很多好玩的玩具。”幼儿能站在他人的角度思考他人的感受，共情能力很强。

趁此机会，我引导幼儿探讨大带小的目的，我问："你们帮助弟弟妹妹想要实现什么效果呢？""弟弟妹妹不会哭了。""会变开心。""会自己吃饭。"……幼儿对于"效果"有各种各样的理解。我突然意识到，在幼儿园里发生着诸多大带小的举动，但是，这些举动的效果如何？能不能引发我们想要的变化，实现这个活动的目的呢？好像之前并没有人认真地评估过。幼儿既然已经能够设想到具体的变化（也就是问题解决的理想样态），那么就可以将"变化"作为一个明确的项目内容。经过讨论，我们班幼儿决定以观察者、评估者的身份参与到这个过程中，进行阶段性的观察，评估其他班大带小的效果，并且找到适合的方案。

2. 调研各班的计划，设计观察工具

首先，我们需要知道其他班级大带小的计划。幼儿自主分成8组，分别去了大一班至大八班，参与他们做计划的环节。大家了解到：目前这几个班只是在晨间迎接弟弟妹妹入园，等弟弟妹妹情绪稳定一些后，再介入一日流程的其他环节，具体怎么实施还没有明确的计划，后面会进一步商讨。

于是，幼儿决定跟随他们，从入园环节开始观察。但是，具体应该观察什么？怎么观察呢？

"去看弟弟妹妹上幼儿园的情况，看看有没有哭的。" "自己去看。""每天去看。"……幼儿暂时对于观察的内容和方法没有头绪，我决定给予支持，引导他们从制作观察记录表开始。为了使观察记录表更具适宜性，我首先派出了调查团，调查小班的弟弟妹妹在入园时可能会产生哪些情绪以及出现哪些情况。

为了支持幼儿进行观察，在调查团出发之前，我带着幼儿重温了"情绪脸谱"，使他们对几种常见的情绪有基础的分辨能力，为他们铺垫了前期经验。

调查结束后，幼儿结合之前观察到的情况以及了解到的信息进行了分享。

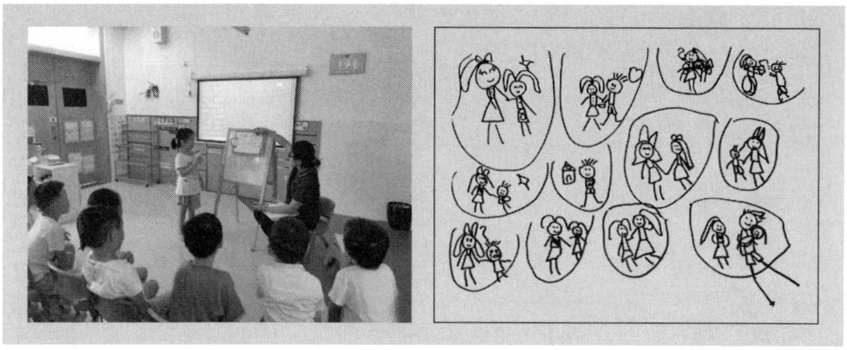

多多：“我观察到弟弟妹妹有哭的，还有生气的和开心的。”

思思：“我看到有的弟弟妹妹哭，需要老师抱进来。”

格格：“我看到有哥哥姐姐牵着他们进来。”

橦橦：“还有的小朋友是自己进来的。”

蕊蕊：“也有的弟弟妹妹是老师牵着进来的。”

迪迦：“还有没有表情的。”

我发现，幼儿分享的内容可以分为情绪和行为两类。于是，为了让观察表更加有条理，也为了加深幼儿对情绪与行为这两个概念的理解，我提问道：“你们刚刚说的这些，哪些是心情？哪些是行为？”

在引导下，幼儿厘清了“情绪”和“行为”这两个概念，他们一致认为，开心、哭、生气、平静等为“情绪”范畴；而诸如“老师牵”“哥哥姐姐牵”“老师抱”“自己进来”等为“行为”范畴。于是，第一版观察记录表的内容明确了，包括情绪和行为两个部分。

小班新生入园观察表（情绪）

情绪	我的观察
 开心	
 哭	
 生气	
 平静	

小班新生入园观察表（行为）

行为	我的观察
 老师牵	
 哥哥姐姐牵	
 老师抱	
 自己进来	

因为记录表里的内容都是经过幼儿仔细观察和讨论得出的，所以，幼儿十分认真地使用记录表，他们带着明确的目标积极主动地参与到活动中。

此时，项目的推进不是由外部命令或学习之外的奖励和诱惑驱动，而是探究本身吸引着幼儿，强烈的渴望使得幼儿保持着长时间的注意。

3. 制订观察计划，改进观察记录表

幼儿使用记录表持续观察了两天后，发现了一个问题：由于之前没有做分工和安排，大家很随机地跟去小班班级，有时去同一个班级的观察员很多，有时某一个班级里又一个观察员都没有。这样可能会给一些班级带来困扰，也可能会收集不到足够、全面的信息。

于是我们进行了讨论，大家一起分析问题，最后得出了解决方案：提前安排好观察员，固定好观察的时间。

在使用初版的观察记录表进行观察的过程中，个别幼儿也有一些新的发现："老师，我发现有的小朋友他没有哭，但是他也不开心，这个应该叫难过。"我将这一发现与其他幼儿一起分享，并提问："在观察的过程中，大家看到的不一定完全是表格上的这些情况，我们该如何优化观察记录表呢？"根据幼儿的讨论结果，我在表格的下方增加了一栏，鼓励幼儿记录自己的思考和发现。

小班新生入园观察表（情绪）

情绪	我的观察
 开心	
 哭	
 生气	
 平静	

续表

情绪	我的观察
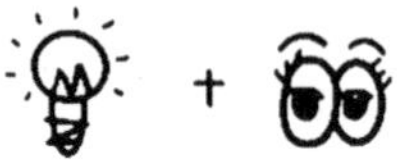 我的思考和发现	

自此之后，在每日观察结束后，幼儿会将自己的观察记录与同伴进行分享。在此过程中，幼儿的语言表达、抓重点、归纳总结的能力得到了提高。此外，幼儿会批判性地分析观察到的状况，收集各个角度的信息进行判定，敢于质疑，展现出了独立思考的品质。

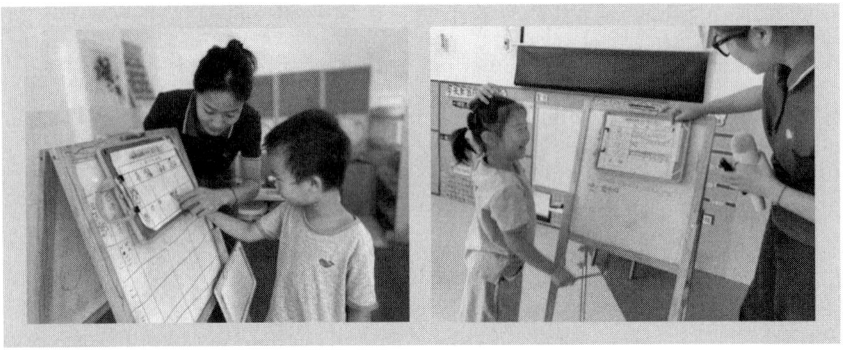

有的幼儿分享道："我发现有的弟弟妹妹是开心的，但也会有哥哥姐姐牵着他们进来。"通过调查幼儿了解到，有的是因为他们来自同一个家庭，有的是因为他们本来就认识，还有的是因为通过前期大带小活动，弟弟妹妹已经对哥哥姐姐熟悉了。

还有的幼儿分享道："我发现有的弟弟妹妹来幼儿园时手上会拿一些物品，有玩偶、布。"通过询问小班的老师，幼儿了解到，对于刚入园的幼儿来说，幼儿园是陌生的环境，他们会带上一些依恋物以增加安全感，这种现象会随着他们慢慢适应幼儿园而逐渐减少。

4. 根据其他班级帮扶计划调整观察重点

国庆假期回园两天后，幼儿发现，小班的入园环节没有出现大班礼仪小天使。为了了解清楚情况，小记者去采访了大六班和大八班的老师。

"老师，请问入园环节为什么没有礼仪小天使接送弟弟妹妹了？"小记者问道。"大班的礼仪小天使主要负责指引弟弟妹妹入园测体温、消毒洗手、晨检，然后牵着弟弟妹妹的手，把他们送到所在的班级。持续了一周后，大家发现大多数弟弟妹妹都可以独自完成这些流程，也能找到自己的班级。于是，我们转移了帮扶重点，后续我们将在一日生活的其他环节来帮助弟弟妹妹更好地适应幼儿园生活。"教师回答道。

小记者回班后将采访结果分享给我们班的其他幼儿。听完这个情况后，我问道："你们觉得我们的观察还要继续吗？"

多多："我觉得要继续观察，因为弟弟妹妹还有哭的现象。"

多米："我觉得要观察，因为我觉得很有趣。"

筱彤："要继续，因为现在还看不出弟弟妹妹的变化。"

苗苗："我觉得要继续，因为我们都不知道他们其他时间是什么样的。"

在讨论过程中，我将选择权交给幼儿，鼓励幼儿积极思考，大胆分享自己的想法并说出理由，再通过综合考虑做出比较适宜的决定，培养幼儿遇到问题时先分析再做出决定的思维模式。

幼儿在讨论后一致认为，虽然弟弟妹妹在入园环节有了一些进步，但是还不了解他们在一日生活中其他环节的表现，需要继续进班进行观察。

为了后续清晰、准确地呈现观察到的情况，幼儿预先观察了小六班幼儿当下的适应情况并做了记录，他们将各自了解到的内容画了下来。有一名小班幼儿需要姨奶奶牵着上幼儿园，在表征的过程中，为了突出人物年龄特点，小观察员给姨奶奶画上了眼镜和拐杖。还有一名小班幼儿不爱运动，观察员就画了一个对比图。

为了后续进行系统、全面的分析和对比，幼儿选择大六班和大八班作为跟踪观察对象。幼儿分别到大六班和大八班，采访教师和幼儿，了解他们大带小的开展情况和下一步计划。

幼儿了解到，大六班幼儿在正式进班之前，采用拍照记录的方式记住自己的帮扶对象，并邀请小六班教师讲述自己的帮扶对象的特点，以便后续更好地制订计划。大八班幼儿采用点兵点将的方式随机确定自己的帮扶对象，并通过小八班幼儿的自我介绍卡片了解自己的帮扶对象。他们还采访了小八班的教师，了解弟弟妹妹需要哪些帮助。交流、讨论后，两个班的幼儿都做好了进班准备。

5. 大带小进班帮扶初观察

确认了大六班的进班时间之后，我们班的一组幼儿也在相同的时间走进小六班，观察他们之间的互动，并在观察中和观察后将看到的情况画了下来，形成了丰富的观察记录。还有一组幼儿去往小八班，他们也采用了同样的方式进行观察、记录。

在幼儿第一次外出观察结束后，我组织他们回班进行了分享和讨论。

小六班观察员分享

教师：“你们观察到了什么？”

腾腾：“我看到一个大六班的小朋友教一个弟弟穿裤子。”

小白：“我看到大六班的小朋友帮弟弟妹妹穿鞋子。”

华宸："我看到小班的小朋友没有动，都是大六班的小朋友在帮忙做。"

教师："你们在观察的过程中有没有遇到什么问题？"

妍妍："我觉得教室里人太多了，都没位置了。"

格格："对，我都不知道在哪儿记录了。"

教师："那我们应该如何解决这个问题？"

妍妍："每次去的小朋友少一点，像大六班一样分小组进班！"

小八班观察员分享

教师："你们观察到了什么？"

蕊蕊："我看到大八班小朋友带妹妹去上厕所，帮她脱裤子、提裤子。"

玖儿："我看到大八班小朋友帮弟弟收玩具。"

瞰瞰："我看到他们帮弟弟妹妹穿鞋子和袜子。"

大宝："我看到他们帮弟弟妹妹叠被子。"

多多："我看到有个弟弟不睡觉，大八班的小朋友不知道该怎么办。"

教师："你们发现了什么问题？"

多多："有些问题，大八班的小朋友还是没有找到解决的办法。"

迪迦："大八班的小朋友都是直接帮他们做的。"

优优："弟弟妹妹都不做，不做就不会。"

教师："那你们觉得应该怎么做？"

多米："应该学会了方法再去小八班。"

廷廷："不会的时候，可以找会的人来做。"

子航："可以给弟弟妹妹带点贴纸，鼓励他们自己学会做事情。"

蕊蕊："要让弟弟妹妹也动手做。"

在分享和讨论的过程中，幼儿回顾了观察到的内容，发现了需要改进的地方，并在讨论和交流后得出了可行的解决方案，如，将去小六班的幼儿按 4 个时间段分为 4 组，并选出小组长带队。此外，我们围绕大家发现的大带小的过程中出现的"包办"现象进行了讨论，幼儿都能发现"帮弟弟妹妹完成"可能会影响弟弟妹妹自己成长。

作为跟踪观察员，我们班幼儿决定把自己的发现分享给大六班和大八班的幼儿，使大带小活动取得更好的效果。我欣然同意，鼓励他们和其他班的老师、幼儿沟通和交流。

在讨论过程中，幼儿回想自己的成长经验，越来越清晰地提出要帮助一个人学会做一件事情，首先自己要会做，然后要将方法教给他，而不是直接帮他完成（解决）。深度学习强调知识的建构和迁移，这都需要以反思为中介，我们分享和讨论的过程就是反思的过程。

6. 大带小进班帮扶再观察

在第二次进班观察过程中，观察员观察到了大班幼儿“由帮到教”的过程，而且发现对于之前遇到的“哄睡”难题，他们找到了新的解决办法。同时，观察员通过采访还了解到，为了帮助弟弟妹妹，大班幼儿愿意不断地提升自己的能力，改进自己的帮助方法，他们还在班级里反复地进行演练，以更好地帮助弟弟妹妹。

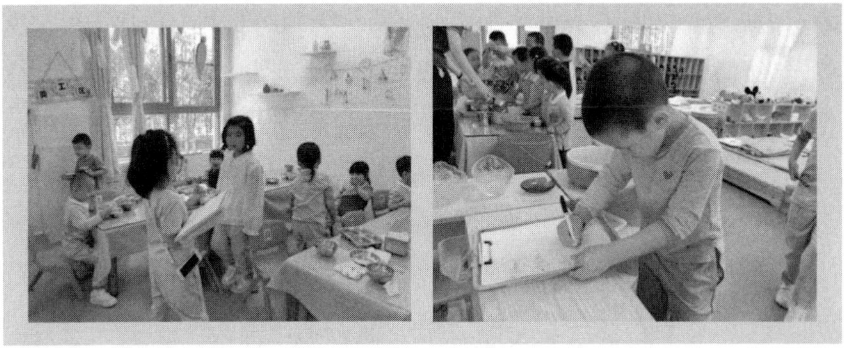

7. “再见”仪式

新生入园适应活动告一段落，大班的幼儿恢复了往日的作息，不再去小班帮助弟弟妹妹。在这之前，每个班都组织了“再见”仪式。其中，大六班为小六班准备了庆祝会——“66 联欢会”，大八班则制作了一本记录着小八班与大八班幼儿相处的美好时光的纪念册送给弟弟妹妹，让彼此铭记这段友谊。这两个班的“再见”仪式都是由幼儿商讨、投票确定的，其间的筹备工作也大多由幼儿主动承担。

在参加“66 联欢会”的过程中，我们班的幼儿不仅观察到了各种“再见”活动的形式和内容，还观察到了大六班幼儿以及小六班弟弟妹妹的情绪情感变化。幼儿发现，在他们之间有了一定的情感基础后，他们的关系变得很融洽，弟弟妹妹也变得更加主动、积极。

在观察大八班幼儿制作纪念册时，我们班的幼儿发现纪念册里记录了小八班幼儿与大八班幼儿从陌生到认识到熟悉到最后成为好朋友的完整故事，用心的大八班幼儿还给纪念册加上了很多装饰。最后，他们派代表将纪念册送到了小八班。

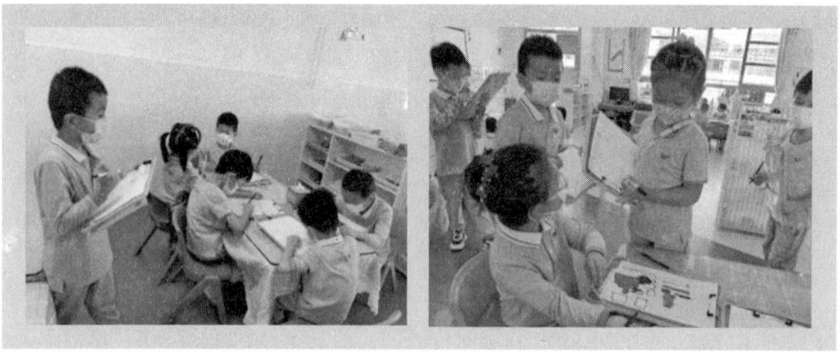

8. 对比两个班级的大带小活动

结合大六班与大八班的大带小活动过程以及两个小组的观察记录，我们总结出了两个班级大带小活动流程的相同点和不同点。

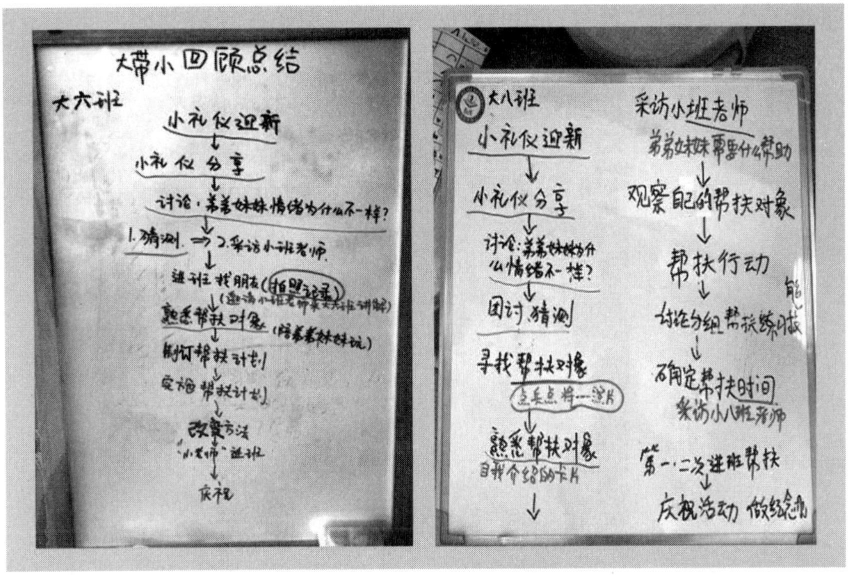

大六班与大八班大带小活动对比

相同点	不同点
苗苗：“都是从小礼仪迎新开始。” 多多：“都是熟悉了对方以后才实施帮扶计划。” 宁宁：“都是慢慢变熟悉了，成了好朋友。” 多米：“都是先找小班老师确定了进班时间。” 迪迦：“都是分成了小组进班帮扶。” 思思：“都观察了自己的帮扶对象。” 彤彤：“都有庆祝活动。”	锴锴：“寻找自己的帮扶对象的方法不同。” 子航：“大六班小朋友采用了‘小老师’的方法。” 小宝：“最后的庆祝方式不同。”

在对比了完整流程后，幼儿进行了总结：解决问题的方式并非是单一的；不同班级的情况不同，采用的方法就会有所区别；问题不是一下子就可以解决的，需要不断地调整、优化计划，才能实现想要的效果。通过对比、总结，幼儿能够将信息进行纵向整合，并提炼现象背后的道理。

9. 整理和统计数据

为了了解小班弟弟妹妹在大带小期间的变化，我们将观察记录表进行了分类统计，通过直观的数据对比感受弟弟妹妹的变化过程。

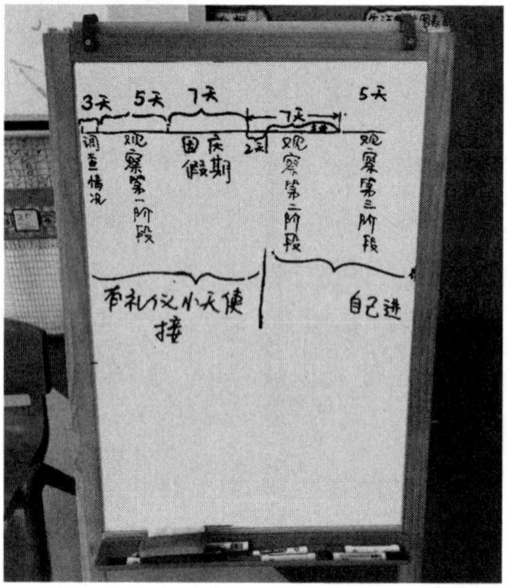

我们的观察一共历时四周，第一周调查情况，第二周入园环节观察，第三周进班初观察，第四周进班再观察。我们将观察过程划分为了三个阶段：第一阶段指第二周，第二阶段指第三周，第三阶段指第四周。

明确好三个阶段后，我们进行了三个阶段观察记录表的分类工作，并开始了数据统计的第一次尝试。在初次尝试统计数据的过程中，我发现幼儿面对数量很多的记录表无从下手，于是我决定给予适当的支持。

教师："在统计数据的过程中，你们遇到了什么困难？"

苗苗："记录表太多了，数不完。"

迪迦："数字太大了，我们不会加。"

教师："是的，这确实是一个很大的难题。除此之外，你们还发现了什么？"

小白："每个阶段的天数不一样，天数多的，最后记录表的数量肯定是最多的。"

教师："是的，那我们应该如何解决呢？你们有没有好的办法？"

多多："把第二阶段的记录表分到第一阶段一些。"

思思："那数字加起来还是很大呀！"

教师："我们是以周划分的第一、第二、第三阶段，在第一阶段和第二阶段中间还隔了一个国庆假期，你们放长假后开学的心情是怎么样的？"

多米："不想上学，起不来，还想在家玩。"

教师："新入园的弟弟妹妹可能也会有一些新情况，如果将第二阶段的记录表分到第一阶段一些，你们觉得合不合适？"

苗苗："不合适。"

教师："那还有什么办法吗？"

我发现，现阶段幼儿已经无法运用已有经验解决遇到的难题了，于是我提出："有一种方法叫作分层抽样，我们可以从每个阶段的记录表中分别随机抽取两张，这样每个阶段记录表的数量就是相同的，而且统计后的数字也不会太大。"了解到这个解决方法后，幼儿在三个阶段的观察记录表中分别抽取两张情绪记录表、两张行为记录表，并编上阶段一、二、三的序号。

然后，幼儿分成三组，统计、整合三个阶段情绪和行为的数据。我综合考虑各小组整体能力情况，将数学能力较强的幼儿平均分配到三个组中。每个小组由一位主导员带领大家进行点数统计，由一位记录员负责将数据记录在空表上。

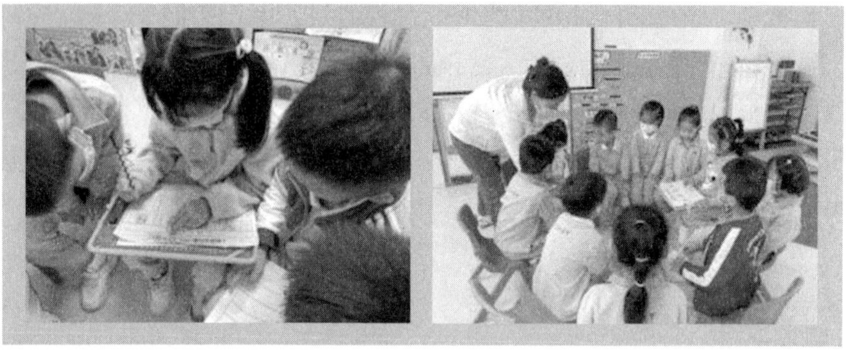

在首次观察、比较数据的过程中，幼儿发现直接看记录表并不是很直观，比较混乱。

为了支持幼儿的进一步探究，我引入了柱状图，引导幼儿将数据呈现在图表中，再去观察它们的变化趋势。在此之前，幼儿并未接触过柱状图，我没有做过于复杂的解释，也没有规范长度单位，只告诉幼儿数字越大高度就越高，并和幼儿一起画出第一份示范图。幼儿根据自己对数字大小的敏感度，画出了相应的高度。在这个过程中，幼儿根据探究的需要，学习新的知识，并把它们作为工具支持自己进行下一步的探究。

在通过柱状图统计数据后，幼儿清晰地看到了数据的变化趋势，能更直观地进行数据对比。

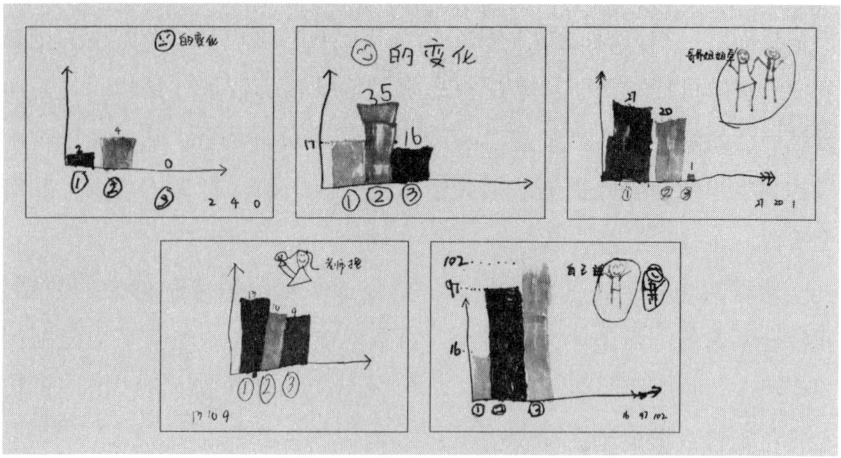

10. 得出我们的结论

小班幼儿的变化：

通过对比三个阶段的数据，幼儿发现小班幼儿哭闹、生气等负面情绪逐渐变少，独立进班的人数不断增多，大班幼儿和教师介入得越来越少。结合进班观察记录，得出结论：通过大带小活动，小班幼儿的情绪逐渐稳定，逐渐适应幼儿园的生活，也渐渐变得独立，自理能力有所提升。

大班幼儿的变化：

通过为期一个月的观察、记录，结合对大六班、大八班幼儿的采访，幼儿发现这两个班的幼儿一开始遇到问题会不知所措，后来能主动寻求更好的解决问题的办法，做事也越来越有计划性。在帮助小班幼儿的过程中，他们自己也变得更加优秀，更加有责任心，越来越会照顾小班幼儿，他们还获得了成就感和喜悦感。

小班幼儿与大班幼儿的关系变化：

通过对前、后期的观察对比，幼儿发现小班幼儿与大班幼儿的关系越来越亲密，感情越来越好了。前期小班幼儿还不想让大班幼儿牵手，他们在一起玩时也会感觉有些生疏；后期小班幼儿看到大班幼儿就会冲过去拥抱，在联欢会上玩得非常开心。

随着大带小活动的结束，我们的观察研究也告一段落了。我们结合观察后的发现与结论，最终形成了基于大带小活动实施过程的行动研究报告，并与其他班的幼儿进行了分享。

三、教师反思

在这次新生入园大带小互助活动中，我深切体会到幼儿才是学习的主体，他们所展现出的观察力、分析能力以及解决问题的潜力，远远超乎我们的想象。同时，我也更加清晰地意识到，教师的角色不仅是引导者，更是支持者和深刻的反思者。

1. 儿童学习的新视角

幼儿在活动中的出色表现表明，当我们给予他们充分的自主权时，他们的表现能够超越我们的期待。从活动初期的任务细分、观察工具的设计，到后期的数据统计与分析，幼儿在我的适度引导下，逐步提升了解决问题的能力。这种从外部辅助到自主发现的转变，正是深度学习的生动体现。我意识到，在教学实践中，应更多地思考如何通过提问来激发幼儿的内在动力，让他们自然而然地沉浸在学习之中。

2. 教师角色的转变

活动初期，我给予幼儿的支持主要体现在为幼儿指明方向，如设计观察记录表，提出开放性、启发性问题等。而在活动深入后，我意识到应逐步减少直接的干预，让幼儿成为主导者。当我们班幼儿意识到直接替弟弟妹妹完成任务不如教会他们方法时，我深感欣慰。这标志着他们已从简单的观察者成长为具备独立思考能力的学习者。这一转变，得益于适时“放手”的策略性调整。

3. 教育实践的深刻反思

活动中幼儿提出的“教之以法”的想法让我颇感意外，同时也促使我反思自己在日常教学中是否给予了幼儿足够的“法”。从另一个角度来讲，基于幼儿的思考，也说明深度学习可以源自生活中的实际问题。未来，我需要更加注重创设贴近生活的情境，通过真实问题来培养幼儿的问题解决能力。

4. 活动效果的深入剖析

在观察过程中，幼儿充分发挥了自己的主观能动性，他们认真地使用观察记录表，仔细记录着小班幼儿和大班幼儿在大带小活动中的点点滴滴。从他们初次见面的羞涩与好奇，到逐渐熟悉后的亲密无间，再到共同完成任务时的默契与协作，每一个细节都被幼儿敏锐的眼睛捕捉到并记录了下来。这些观察数据不仅为幼儿提供了丰富的素材，更为他们后续的分析判断提供了有力的支持。在最后的得出结论阶段，幼儿能够整合前期经验，从观察记录中提炼出有价值的信息，客观分析、判断小班幼儿与大班幼儿的变化，提升了逻辑思维能力。然而，我也发现部分幼儿在观察过程中缺乏足够的耐心和有效的方法，需要进一步的引导，因此，我计划在后续活动中通过一些有效的途径来提升幼儿的观察能力，如通过设定具体情境、明确观察目的来引导幼儿掌握一些观察方法，通过观察分享让幼儿了解不同的观察维度和观察内容。

5. 对未来实践的优化建议

活动结束后，我反思到，虽然观察数据的收集与分析是一次有益的尝试，但对于大班幼儿来说，其复杂性略高。未来，我考虑引入更多直观的记录方式，如动态观察记录或情境再现，以降低数据统计的烦琐程度，让幼儿更专注于观察本身。同时，我想可以通过游戏或情景剧等生动的形式，进一步深化幼儿对情绪与行为的理解。

通过这次活动，我更加坚信，幼儿教育的核心在于尊重和信任幼儿，让他们在真实情境中探索、反思并成长。教师不仅是课程的规划者，更是幼儿探索道路上的同行者。每一次活动都是一次教学实践的自我革新，我期待在未来的教育旅途中能够持续优化和创新，为幼儿捕捉更多自由探索和深度学习的机会。

四、分析与启发

1. 内在动机能够唤醒幼儿的深度学习

问题和使命感会激发幼儿的内在动机，推动幼儿的深度学习。在该案例中，从迎接弟弟妹妹到帮助弟弟妹妹适应幼儿园生活，大班幼儿充满了使命感和责任感，进而唤起了内在动机，自然地推动他们开动脑筋想办法，考虑弟弟妹妹的问题，这不仅使他们找到了解决的问题和目标，也唤起了他们的同理心，这是深度学习发生的首要条件。

2. 项目活动是从幼儿与教师的讨论中产生的

在该案例的开头，教师勇敢地直面了深度学习中一个常见的难题并坦然地表达出来——项目活动如何开始？在课程故事中，我们常见的是“偶然拾得”，如幼儿爆发的兴趣、某组幼儿的特别发现、一次特别有趣的游戏、一次有价值的提问等。当然，还有教师引导或事先规划好的项目，如由一本书引发的后续探索、共同庆祝某个节日等。在该案例中，教师呈现了一种介于二者之间的引发项目的方法：在大的方向下，让幼儿自己去寻找“选题”。这样既避免了信马由缰，又激发了幼儿的主动性和团队合作精神。这种方法体现了教师在项目活动中兼顾“主题”与“探究”，根据幼儿的兴趣选择探究的方向。

3. 工具在幼儿深度学习中发挥着重要作用

工具可以将具体思维抽象化、高阶化。工具的范围很广，从尺子到表格。文字其实也是一种将思维可视化的工具，是可以让交流更顺畅、让文化得以流传的工具。在项目的初期，幼儿并没有具体的工具去记录和分析他们的观察结果。于是，教师引导幼儿先进行观察，再共同设计和使用观察记录表。要想设计观察记录表，幼儿需要思考哪些信息是重要的，如何分类和记录这些信息，这个过程是典型的深度学习的体现，也是有意义地建立关键概念的过程。如，在设计观察记录表时，教师特意引导幼儿区分“情绪”与“行为”，这是非常有助于幼儿社会性发展的一次无痕迹的教学。在这个过程中，幼儿既学习了概念，又通过实际的观察和记录反复夯实了对这两个概念的理解和运用，有效提高了幼儿的同理心和情感认知能力，促使幼儿对人类情绪状态和行为表现的复杂性进行了有价值的探索。

4. 幼儿的能力超出我们的想象

在该案例中，幼儿领悟到了“授人以鱼，不如授人以渔”。在活动过程中，幼儿有了一个重要的发现：直接帮弟弟妹妹完成任务并不是最有效的方法，需要教弟弟妹妹学习如何自己完成任务。这不就是“授人以鱼，不如授人以渔”的体现吗？

通过该案例，我们可以深深地感受到，只要以探究的思维积极投入，想办法解决问题，幼儿的深度学习可以发生在任何情境之中，科学探究如此，区域活动探究如此，生活探究亦是如此。探究让幼儿充满活力、激情，提高了他们的问题解决能力，也让他们感受到了成功的自信和喜悦。幼儿的学习不仅是想象中的各种操作，也是生活中的各种真实问题的解决，幼儿的深度学习离不开教师的信任、放手、启发和激励，深度学习是教师与幼儿共同成长的旅程。

（案例提供：深圳市福田区东海实验幼儿园　陈筱雅　张　敏　陈玲玲）

制作薄荷止痒膏

案例导读

制作薄荷止痒膏

——将生活问题转化为多领域的深度学习

夏日蚊虫叮咬是常见的烦恼，教师借助这一真实问题，开展了一次深度学习。如何缓解蚊虫叮咬后的痒？幼儿发现薄荷止痒膏有很好的止痒效果，于是开启了一场科学实验。他们通过梳理制作步骤、提炼植物精华、按配方调制，最终完成了薄荷止痒膏的制作。该案例的亮点在于，幼儿不仅体验了“观察—假设—实验—调整—应用”的科学探究的完整流程，还进一步感知并传播了中华传统中草药文化。可以说，幼儿经历了一次科学探究与文化探寻的奇妙旅程。

一、故事的生成

班级开展“神奇的中草药”主题课程已经有一段时间了，幼儿逐渐对传统中草药产生了浓厚的探究兴趣。恰逢春季雨水增多，带来了蚊虫叮咬的问题，幼儿发现被蚊子叮后的蚊子包又痒又肿，很是烦恼。于是，幼儿围绕“怎么止痒”展开了讨论。我决定抓住幼儿的兴趣点和问题，追随他们的脚步，支持他们围绕“止痒膏”进行深入探究，进一步了解中草药的价值。

二、故事的发展

1. 了解止痒膏中的中草药成分

在讨论中，幼儿提出止痒的方法是擦药膏，究竟哪些药膏可以帮我们止痒呢？我请幼儿收集家里平常使用的各种止痒药膏，带回园进行擦拭对比，大家发现这些药膏都有着很好的止痒作用。

为了让幼儿了解药膏中的中草药成分，我为幼儿念了每种药膏的说明书中注明的主要成分。通过倾听，幼儿进一步发现止痒药膏里面都含有一种叫薄荷醇或者薄荷脑的成分。我告诉幼儿它们都来源于薄荷这种中草药。

幼儿开始关注薄荷。因为幼儿生活经验欠缺，他们对薄荷这种草药不是很了解。薄荷是什么？为什么它具有这么神奇的止痒功效？这些问题成了驱动幼儿进一步探究的因素。为了让幼儿能更直观地认识薄荷，我发动家长帮助幼儿一起查找薄荷的图片，了解薄荷的功效。我还请幼儿寻找身边的薄荷，他们在菜市场、花店、中药店、幼儿园种植园里发现了薄荷的身影，有的幼儿甚至把薄荷植株带到了幼儿园，放在了班级种植区。幼儿把薄荷的样子画在纸上并进行了分享。“薄荷有一种特殊的味道，像我家里的牙膏味。”“薄荷的叶子上有绒毛，而且叶子边缘还有锯齿。”“薄荷也是一种中草药，能起到止痒、止痛的作用。”幼儿联系生活实际，通过寻找、比对和鉴别，对薄荷的外形、气味、颜色、功效等有了初步的认知。

2. 准备自制薄荷止痒膏

我在网上找来了自制薄荷止痒膏的视频，幼儿看完后感叹道："原来制作过程一点都不简单呢！"有的幼儿对制作薄荷止痒膏的材料产生了兴趣。

多多："老师，制作薄荷膏时为什么要加入橄榄油和蜂蜡呢？"

教师："加入橄榄油能够滋润皮肤，加入蜂蜡可以起到抗菌、消炎的作用，还可以让薄荷油凝固成膏体状。"

听到这，幼儿都觉得蜂蜡很神奇，纷纷表示想要尝试制作薄荷止痒膏。于是，我再次播放了视频，请幼儿认真观看薄荷止痒膏的制作方法和步骤并用绘画的方法记录下来。

幼儿开始着手准备制作薄荷止痒膏。他们亲自在种植园里采摘了薄荷叶，清洗干净后沥干水分，准备进行下一步——榨取薄荷汁。

3. 榨取薄荷汁

榨取薄荷汁是制作薄荷止痒膏的关键一步。大班幼儿生活经验仍比较缺乏，在工具的使用上存在困难，他们能不能在已有经验基础上探索并总结出自己的发现和方法呢？我既期待又存疑。我创设宽松的氛围，引导幼儿梳理自己关于榨汁的经验，然后倾听幼儿间的交谈。

睿睿："我们把叶子像拧毛巾那样，把汁液拧出来吧。"

力力："用榨汁机，我妈妈就是用榨汁机把苹果榨成苹果汁的。"

多多："我见过用石头做的捣食物的容器，我们可以用那个来捣薄荷叶，把汁液捣出来。"

豪豪："用纱网，它有洞，可以隔渣，家里的茶包就是这样的。"

我为幼儿收集好各种工具，支持幼儿尝试用猜想的方法来榨薄荷汁，并鼓励幼儿记录操作的方法和结果。

幼儿在尝试自己猜想的方法后，发现并没能轻易地榨出薄荷汁，于是我组织大家进行了一次讨论。

旭旭："我已经用尽全身的力气了，为什么榨出的汁那么少？"

力力："是不是放的薄荷叶太少了？"

豪豪："我放了很多叶子进去，但是力气不够大，拧不动呀！"

多多："我明明已经看到捣药器底部有一点儿汁液了，为什么用滤网后却没有汁流下来呢？"

林林："叶子打得烂一点儿，汁不就更多了吗？"

俊俊："我们发现榨汁机不太好用，根本没有榨出多少汁液。"

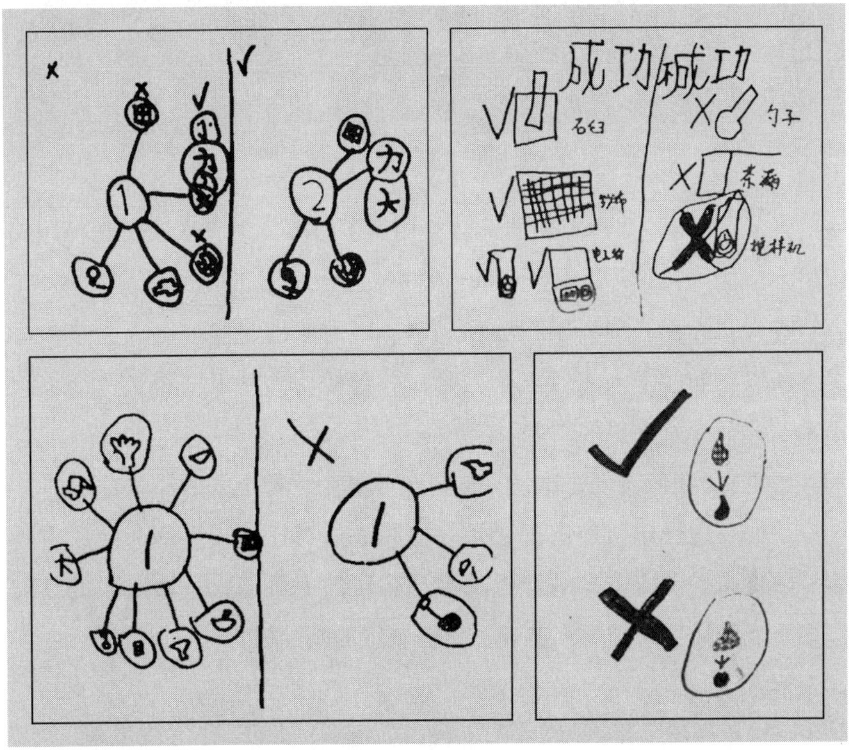

讨论后我帮助幼儿梳理了失败的经验：在工具的选择上，一些工具根本榨不出汁液，或者仅仅使用一种工具并不能完成榨汁这一步，需要一些工具配合使用；操作的方法也很重要，力气的大小、薄荷叶的多少都对榨汁量有影响。

讨论结束后，幼儿商量并调整了他们的计划和工具。第一次的失败并没有阻碍幼儿制作的热情，反而推动了他们尝试进行第二次榨汁。

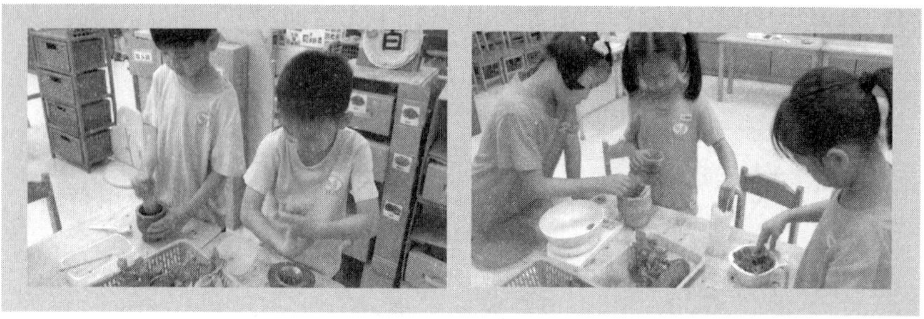

元元："第一次用刀切薄荷叶，切得不够碎，第二次我们选择用捣碎机，就能捣得很碎了，所以我们这一次比上一次榨出的汁多一些。"

卉卉："我们选择用石棒和滤网，因为压的时候一个人力气太小了，所以我们两个人或者三个人合作一起压，力气就变得更大了，榨出来的薄荷汁就会更多。"

雅雅："我们发现每次使用的薄荷叶越多，榨出来的汁就越多。"

幼儿一边操作一边进行记录，他们通过对比发现：薄荷叶放得越多、捣得越烂，榨出来的汁就越多；挤压的力量越大，榨出来的汁就越多。他们还用思维导图梳理了自己获得的新经验。

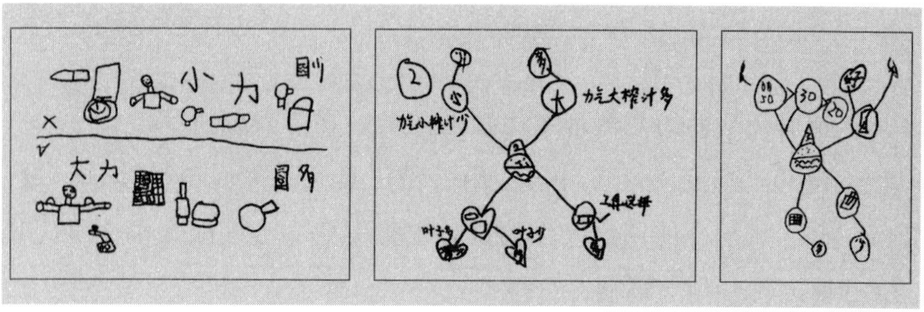

在第二次榨汁后，每一组的幼儿都认为本组的榨汁方法是最好的，这引发了"谁的方法更好?"的争论，于是幼儿决定来一场榨汁较量。那怎样才能知道谁的方法更好呢？我们一起讨论制定了榨汁比赛的规则：使用相同量的薄荷叶来榨汁，看看谁的方法榨取的汁液最多。

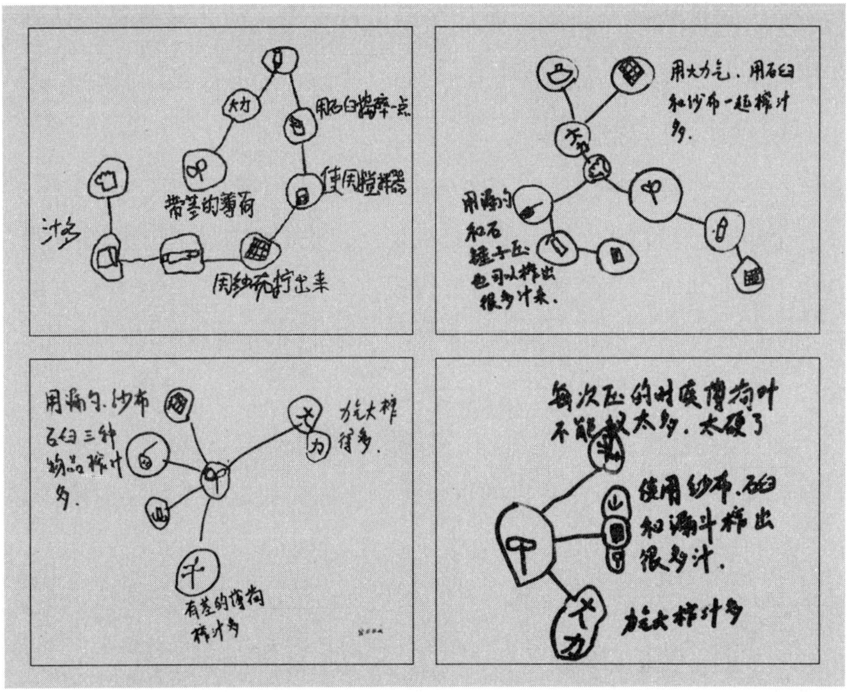

结果发现想要用相同量的薄荷叶榨出更多的汁，就要把薄荷叶切得碎一些或者砸得更烂一些，压或者拧时用得力气更大一些。有的小组用石臼先把薄荷叶捣烂，然后用纱布包裹起来拧压；有的小组用捣碎机把薄荷叶捣碎，然后把捣碎的薄荷叶放在漏勺里，几个人一起使劲儿压石锤子；有的小组甚至选择了有茎的薄荷，他们发现茎里的汁液比叶子里的更多。在最后比较、记录薄荷汁的多少时，幼儿还学会了看量杯的刻度线，这个过程拓展了他们的测量、比较经验。

通过三次榨汁实践，幼儿知道了怎样可以榨出更多的汁。在这个过程中，我看到了幼儿从一开始榨不出汁的迷茫，到榨出一点点汁的欣喜，再到成功榨出更多汁的愉悦，这样的变化也证明了在不断探索、不断总结过程中，他们的经验得到了提升和迁移，并且形成了合作的意识。相较前两次的操作，榨汁比赛激发了幼儿探索如何在有限的材料中最大限度地利用资源，而且在操作过程中，幼儿显得格外认真、小心，珍惜每一滴榨出来的汁液。

4. 按照配比称量材料

榨薄荷汁这一步完成了，下一步需要加入橄榄油，放入锅中隔水煮两个小时。元元首先提出了自己的疑问：我们该加入多少橄榄油呢？这也引发了其他幼儿的思考，卉卉提议再看看制作薄荷止痒膏的视频，仔细听一听。我为幼儿再次播放了视频，他们了解到薄荷汁、橄榄油、蜂蜡要按照 4：4：1 的比例来进行配比。

睿睿："老师，4：4：1 的比例是什么意思？"

教师："4：4：1 是它们的重量比例，你们知道每个数字对应的是哪种材料的重量吗？你们还有什么发现？"

力力："我知道，先是薄荷汁，然后是橄榄油，最后是蜂蜡。"

细心的雅雅有了新的发现："老师，薄荷汁和橄榄油对应的数字是一样的。"

教师："是的，它们对应的数字是一样的，意思就是它们的重量要相同。"

卉卉："蜂蜡对应的数字是 1，1 比 4 小，那蜂蜡的重量就得比它们小吧？"

教师："没错，蜂蜡的重量要比它们小。"

交流讨论后，幼儿用绘画的方式记录了三种材料的配比方法。虽然幼儿还不能完全理解这个比例的概念，但很显然，寻找称量工具进行称量是急需解决的问题。虽然称量对于大班幼儿来说有些困难，但我也期待着能够在幼儿的兴趣带动下，根据他们的实际操作进行有效引导，支持幼儿在理解的基础上解决材料配比的问题。

幼儿回家后收集了不同的称量工具并带到了幼儿园，有电子秤、天平秤，他们和同伴分享、交流使用的方法，并通过尝试称量各种物品了解称量的方法。

幼儿发现电子秤操作比较简便，只要把物品放上去就可以得出结果。但是幼儿也发现了问题：电子秤放了盘子和没有放盘子的读数不一样。我没有急于把结果告诉幼儿，而是在一旁默默地观察着他们的一举一动。幼儿围在电子秤周围开始研究起来，力力发现放了盘子时的电子秤读数大一些，他恍然大悟："哦，我忘了盘子也有重量啊。"我引导幼儿观察电子秤上面的一些按钮："电子秤这儿有一个按钮'去皮'，我们试一试把盘子放在称上面，然后按一下'去皮'按键，看看有什么变化。"力力："读数显示为零了。"成成："我知道了，这个按钮的功能是可以把盘子的重量去掉，这样就能知道物品究竟有多重了。"幼儿很快就掌握了这个方法，能轻松地称出物品的重量。

还有一部分幼儿尝试用天平秤称重量，可是天平秤看起来只能比较谁轻谁重或者称量一样重的物品，没有读数怎么知道物品的重量是多少呢？这个问题困扰了幼儿许久。于是我为幼儿提供 10 克、20 克和 30 克的积木材料，让幼儿通过实际操作探索天平秤的使用方法。尧尧在操作后分享道："在秤的左边放 10 克重的积木，右边放药草，两边秤盘如果一样高的话，药草不也是 10 克重了吗。"通过参照、对比，幼儿能称量出相应重量的物品。

在进行了不同的探索后，我提出了驱动性的问题，推动幼儿的下一步探索。

教师："想要按照配比称量薄荷汁、橄榄油、蜂蜡，用哪种秤更合适呢?"

力力："用电子秤更方便，直接看读数就可以了。"

元元："我们的薄荷汁很多，看起来放在电子秤上称更稳，不容易洒。"

……

通过讨论，幼儿决定使用电子秤来称量三种材料。为了方便幼儿进行后续的称量，我为幼儿准备了橄榄油和蜂蜡，并按照三种材料的配比明确了需要的量：薄荷汁 400 克、橄榄油 400 克、蜂蜡 100 克。

在称量的过程中，幼儿小心翼翼地向容器里倒薄荷汁和橄榄油，在托盘上放蜂蜡，并认真地观察读数的变化，每一次到达了需要的重量，他们都会兴奋地尖叫。通过幼儿的共同努力，终于解决了三种材料的配比、称重问题。

5. 油水分离

材料配比完成后，幼儿在薄荷汁中加入了橄榄油，并将容器放入锅中，准备隔水加热。在开始加热前，幼儿认真观察了钟表上的时间，明确了两个小时后的时间点。

两个小时过去了，煮后的橄榄油和薄荷汁充分融合在了一起，散发着薄荷的味道。幼儿围在桌子旁观察着，我问道："还记得下一步是什么吗？"

多多："下一步需要静置。"

教师："静置以后会发生什么变化？"

元元："在之前的视频里，我看到静置以后这里面会分成上下两层。"

教师："那你们知道这两层分别是什么吗？"

元元："我记得上面是油，下面是水。"

俊俊："好神奇啊！"

教师："你们想看看这个神奇的变化吗？"

我将煮后的液体放在一旁，带着幼儿一起做了油水分离的小实验。我找了一个透明的容器，请幼儿在容器中加入油和水并迅速搅拌，然后观察它们的变化。经过一段时间的静置，幼儿观察发现油和水真的分成了上下两层，而且把容器稍稍倾斜，它们也不会混在一起。

煮好的液体静置了一夜，等幼儿来到幼儿园，发现油和水已经分成了上下两层。接下来就需要取出上面的一层油，我问道："怎样才能把上面的油取出来呢？"幼儿回想起视频中用的是勺子，于是我提供了勺子，每个幼儿都积极参与，完成了油水分离这一步。

6. 止痒膏制作成功

把油成功分离出来后，我准备了相应的工具，将油隔水加热，然后请幼儿加入事先称量好的白蜂蜡，慢慢搅拌，直至蜂蜡全部融化。接着，我和幼儿一起趁热快速将薄荷油倒入了事先准备好的小盒子。幼儿随后进行了观察，他们发现随着温度的下降，薄荷油慢慢凝固成了膏体状，闻起来有淡淡的薄荷香。就这样，在大家的共同努力下，薄荷止痒膏终于制作完成了。

7. 宣传中草药的功效

薄荷止痒膏制作完成了，怎样让大家认识并使用制作好的药膏呢？幼儿想向其他人介绍薄荷止痒膏的作用和制作方法，宣扬中草药的功效，并且将制作的薄荷止痒膏赠送给有需要的人。为了支持幼儿的想法，我们开展了薄荷止痒膏宣传活动。幼儿带着自己制作好的薄荷止痒膏向园长、园内各班级老师、客人老师进行宣传介绍，这不仅锻炼了他们的语言表达能力和社会交往能力，还增强了他们的自信心和成就感。

幼儿还通过绘画的方式表达自己对中草药等植物的热爱，感恩大自然对人类的帮助和馈赠。

三、教师反思

深度学习是基于问题解决的学习，在这个探索活动中，有两个特别的“问题解决”时刻：捣汁、称量，幼儿执着而严谨地寻找着问题的症结，并一次次地尝试解决问题。作为教师，我在其中的作用是提供幼儿需要的工具，在关键时刻进行提问和追问，以及引导幼儿自主观察、记录、梳理经验，这些都是我促进幼儿深度学习的策略。我不仅提供了物理上的工具，也提供了思维上的工具，这些工具指向解决一个个对幼儿而言有意义、有趣味的问题，深度学习自然而然就会发生。

此外，我特别重视“回应”的力量。在进行每一步操作时，我不仅回应幼儿，还回应上一步的探索结果。于是，一个个短的、聚焦的、环环相扣的深度学习时刻组成了一段深度学习的历程。

四、分析与启发

“制作薄荷止痒膏”探究活动是一个深度融合生活实践、科学探究与优秀文化传承的典型案例。岭南幼儿园的教师和幼儿几乎人人都苦恼过蚊虫叮咬这个问题，该案例从幼儿身边的问题出发，基于“神奇的中草药”主题的前期经验，不仅激发了幼儿对自然科学的好奇心，还巧妙地融入了中华传统中草药文化的教育，促进了幼儿的深度学习。

首先，探究内容充分调动了幼儿的探究兴趣。教师敏锐地捕捉到了春季蚊虫叮咬这一生活现象，将其转化为探究性学习主题，通过利用家园社学习资源和宽松的探索空间，激发了幼儿的探究热情，不仅解决了幼儿的实际问题，还促进了他们对中草药知识的主动探索。

其次，学习的过程和学习的结果都体现出了深度学习。从认知过程上来看，幼儿能识别生活中的问题，并根据已有经验提出解决方案，通过观察、比较和实验，解决榨汁、称量等问题。从认知结果上来看，在称量环节，幼儿不仅学会了使用称量工具，还感知了数字的用途和重量单位；在宣传中草药功效时，幼儿锻炼了语言表达能力，提高了人际交往能力。这种跨学科的整合学习，有助于幼儿形成全面的知识结构和综合的素质能力。从探究结果上来看，教师充分尊重幼儿的主体地位，特别是在榨汁、称量、油水分离等关键环节，教师引导幼儿自己发现问题、分析问题、解决问题，让他们在实践中积累经验，在探索中成长。这种“探究式学习”的方式，使幼儿深度了解了薄荷止痒膏的制作方法。

最后，令人惊喜的是，该案例有着重要的社会意义和教育价值。通过制作薄荷止痒膏并宣传其功效，幼儿不仅学会了将所学知识应用于实际生活中，还培养了关爱他人、乐于分享的美好品质。同时，教师充分利用家园社共育资源，对中华传统中草药文化展开了一次生动的传播，让幼儿在动手实践中感受到了中华传统文化的博大精深和独特魅力。

（案例提供：广州市第一幼儿园　林　桃）

搭建行动

案例导读

搭建行动

——利用主题化建构游戏激发幼儿的深度学习

建构游戏可以是主题活动的一部分，而当它有了主题，便会变得更有目的、更具深度。“搭建行动”正是这样的案例。幼儿以幼儿园为蓝本，搭建了拥有凉亭、长廊、路灯等设施的微缩模型。在这个过程中，他们遇到了高度不够、结构不稳、长廊漏水等挑战。教师通过问题链引导他们思考、调整方案，并鼓励他们从现实经验中寻找解决办法。幼儿在尝试与合作中不仅提升了建构能力和逻辑思维能力，还培养了团队协作精神。该案例生动地展现了如何利用主题化建构游戏激发幼儿的深度学习，让幼儿的探索更有价值。

一、故事的生成

在三月“探秘幼儿园”的主题探究活动中，幼儿通过实地考察，记录了幼儿园里许多有趣的发现，如幼儿园里最香的地方是彩虹路旁的花园，最漂亮的地方是凉亭，最高的地方是一号楼。在自主游戏中，幼儿又自发搭建起了“我的幼儿园”。

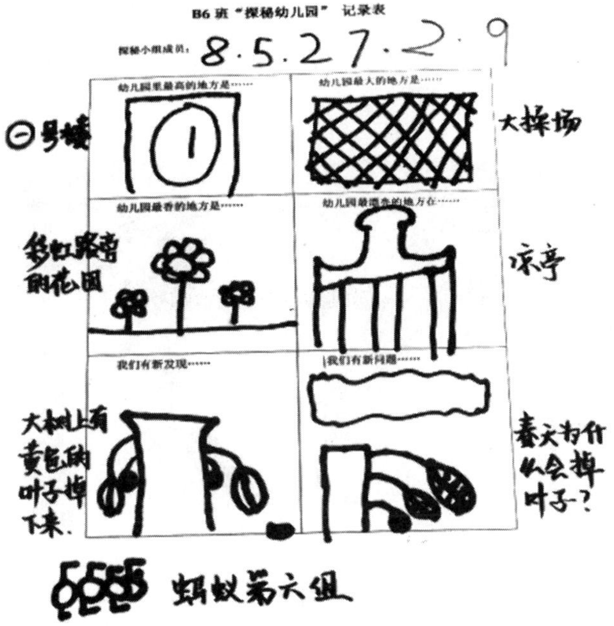

在观察幼儿的建构活动时，我一直在思考，当主题活动已经点燃幼儿的探究热情时，如何让他们的探究热情燃烧得更加热烈？以下是我的一些尝试。

二、故事的发展

1. 寻找“关键点”，聚焦问题

通过分工合作，幼儿很快就完成了凉亭的搭建，可这时却出现了意见分歧。杨杨觉得凉亭太矮，小朋友路过的时候会碰到头。怎样才能让凉亭变高呢？小熊觉得可以将凉亭的顶向斜上方延伸，连接到旁边更高的建筑上，杨杨觉得需要加高支柱，霈霈觉得需要拆掉重建……幼儿想到的办法很多，讨论许久还未能达成一致意见。我轻声说道：“也许你们可以按照各自的办法试试看。”听了我的建议，幼儿迅速行动起来。第一次，幼儿按照小熊的办法，在凉亭顶部用木板连接到旁边更高的建筑上。看着结果，幼儿并不满意，因为凉亭本身的高度没有改变。第二次，幼儿用杨杨的办法，把凉亭的支柱加高，凉亭果真变高了，可很快就倒塌了。

两轮的行动宣告失败，幼儿有些泄气。我请他们围坐在一起，回忆前两次的结果：我们用了什么办法让凉亭变高？成功了吗？想一想怎样才能让凉亭变得又高又牢固？幼儿在思考与分享的过程中发现了使凉亭变高的关键点，如底部支撑的积木要用大积木，搭建过程中要注意对称与平衡等。

基于以上思考，幼儿开始了第三轮行动——拆掉重建。在此过程中，因为圆柱体支柱数量不够，游戏差点被迫中断。就在我思考是否需要介入游戏时，幼儿自发商量、讨论，拿着圆柱体支柱与其他建构材料进行仔细对比，找到了替代材料。因为材料的变化，新落成的凉亭的结构发生了改变，在功能性和美观性上都有所提升，幼儿高兴地抱在一起。

整个过程中，幼儿遇到了凉亭太矮、重建时材料不足两次困难，进行了三次行动，我没有直接告诉幼儿解决问题的方法，而是致力于让幼儿在探究的过程中提出问题，寻找解决问题的关键点，从而聚焦问题、解决问题。

2. 厘清问题，疏通“卡壳点”

第二天，根据计划，幼儿开始搭建幼儿园长廊。当搭建到长廊转弯处时，杨杨发现使用的木板厚薄不一，继续搭建下去会影响长廊的牢固性。在观察、讨论后，幼儿又尝试了几种不同的建构方法，但还是没能解决长廊转弯处的问题。

在当天游戏结束后，我支持幼儿把作品保留在原地，并请幼儿在游戏表征墙上记录下“今天游戏中遇到的困难”“我的尝试”以及“我的游戏心情”，还邀请杨杨在“自主游戏故事分享会”中与大家共享游戏经验。在分享过程中，随着同伴的加入，讨论的内容开始偏离游戏中的“卡壳点”。思索片刻后，我对杨杨提议：“或许你可以说一说自己想到的好的转弯方法，大家一起讨论下。”杨杨和大家分享了自己的两个想法：一是在转弯处放一个短的木板，避免两块木板连接时叠在一起，出现一高一低的情况；二是将两块木板摆成直角，不重叠。霈霈听完后把杨杨的方案按顺序简化为选项 1 和选项 2，幼儿围绕着两个选项进行了讨论。最后，幼儿通过举手表决确定选择选项 2，即在转弯处将两片木板摆成直角。然后，他们动手进行了调整。

在第二天的活动中，我持续进行观察，发现幼儿在搭建过程中经过多次努力还未能达到预期的结果。此时的我还是选择按兵不动，默默关注游戏的进程以及幼儿的游戏行为。在分享环节，面对幼儿的讨论偏离游戏中的真实问题，我通过提出有效的建议引导幼儿梳理已有经验，厘清问题，然后进行交流、讨论，为解决问题夯实基础。

3. 实地观察，丰富经验

第三天，当幼儿完成了长廊转弯处的搭建后，润润发现了新问题：长廊转弯的地方，支柱有高有低，如果下雨可能会漏水。其他幼儿听完他说的问题后，有的趴在地上观察，有的用手去触摸长廊转弯处的缝隙，都纷纷点头表示认同。琳琳想到可以用海绵堵住缝隙，因为海绵可以吸水，而小熊觉得海绵不能吸水，两人争持不下。我支持幼儿到区域中收集材料，验证自己的想法，最后小熊发现海绵能吸水。但是，湿水后的海绵太重，直接把长廊支柱压垮了，第一轮行动以失败告终。

在当天的游戏分享环节，我请全班幼儿观看了游戏的片段，幼儿联系自己的生活经验提出了许多“补漏”的办法，如用水泥堵住缝隙，在长廊顶部放许多雨伞，做一件大雨衣。究竟哪个办法最可行呢？我决定带着幼儿再次观察幼儿园长廊的构造。杨杨小朋友在重新观察后发现，幼儿园长廊的顶部是平平的，支柱都一样高，而他们在搭建长廊时，支柱有高有低，所以会有漏水的可能性，他提出可以把长廊的支柱换掉，顶部全部盖严实，两边加上屋檐，这样就不会漏水了。幼儿合作一起画出设计图，然后开始了新的尝试。他们拿着支柱一一比对，换上了统一高度的支柱，用盖顶的方法解决长廊漏水的问题。在幼儿的努力下，原本窄窄的长廊变成了一条宽阔的长廊，漏水的缝隙也都被堵上了。第二轮行动取得成功，幼儿高兴得原地转圈圈。

在第三天的游戏过程中，幼儿几经周折解决了漏水的问题。他们虽经历失败，但知难而上，勇于探索，让我感到欣慰和动容。其中小熊提出“海绵不能吸水”这一质疑，是激发同伴思考的关键，并转化为促进幼儿继续探究的动力。海绵究竟能不能吸水？在讨论过程中，我一直认真倾听幼儿的对话，不分辨对错，支持幼儿亲自验证。在动手操作过程中，幼儿收获了对“海绵可以吸水”这一物理特性的清晰感知，并将其内化成了自己的新经验。更重要的是，在不断的讨论与交流中，幼儿能够倾听他人的想法，意识到每个人的意见都可能有可取之处。而在游戏后的分享环节，我播放游戏视频片段，引导幼儿梳理已有经验，在分享讨论后再次带着幼儿进行实地观察，丰富他们的经验，支持他们开拓问题解决的思路，通过表征、合作解决问题。

4. 回顾问题，梳理“迁移点”

第四天，幼儿来到游戏场地后，围在一起欣赏共同搭建的作品，还兴致勃勃地交流凉亭的各个组成部分以及它们的用途。这时，有幼儿提到，晚上凉亭会很黑，就不美了。于是他们搭建了一些路灯照明，可每个幼儿的设计都不一样，路灯的高矮不同，粗细不同，组合方式也不同。这时，琳琳提出：“每个路灯都不一样，不好看。”可每个人都觉得自己的最好看，无法统一意见。僵持不下时，有的幼儿开始在一旁玩起别的东西，我见状后加入了游戏。我问道：“你们在生活中看过的路灯是什么样的？”“路灯和别的灯有什么区别？”“怎样才能让我们搭建的路灯变得好看呢？”借助循序渐进的提问，幼儿回归游戏，兴致盎然地讨论了起来，他们很快发现，路灯要有规律才好看。几番尝试后，幼儿终于达成一致意见，在长廊的一边统一摆上了矮的路灯，在另一边摆上了高的路灯。搭建完成后，幼儿拍着手感叹道：“我们的幼儿园太美了！”

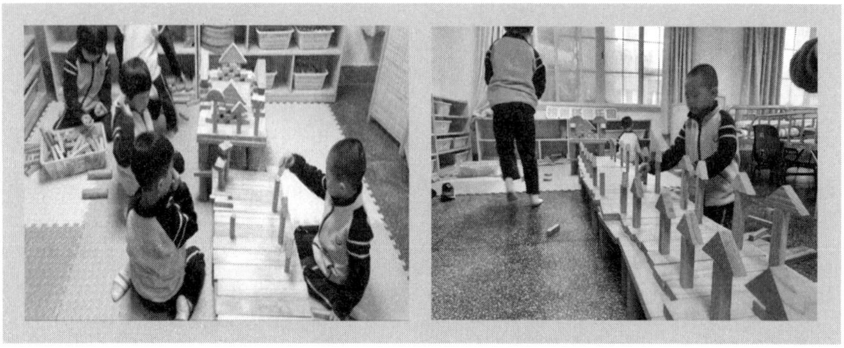

在第四天的游戏过程中，还是由幼儿发现问题，尝试解决问题，当游戏停滞不前甚至有幼儿离开游戏时，我引导幼儿回顾问题，迁移已有经验，循序渐进地引导幼儿思考解决问题的方案，推动游戏的发展。在后续的建构过程中，幼儿对规律有了进一步的理解与感知，通过与同伴交流，他们学习了不同的排列组合方式，这有利于发展他们的数学思维、空间思维以及对美的创造力。

三、教师反思

在建构“我的幼儿园”过程中，出现了许多有趣的对话与设想，让我一次次地感到惊讶，但也有许多意见不一、争论不止的时刻。他们善于观察，勇于表达，不断提出问题，积极与同伴商量讨论，学习倾听不同的声音，勇敢验证自己的猜想，每一次的试错和归因都是对已有经验的挑战，同时也在构建新经验。与此同时，在以幼儿为中心的、连贯的、持续的游戏过程中，幼儿获得的发展是全面且整合的：在齐心协力调整凉亭高度时，幼儿对空间概念有了更深的感知；在思考解决漏水问题时，通过验证海绵是否吸水，感受了科学实验的乐趣；在讨论凉亭上的路灯怎样搭建更好看时，幼儿巩固了数学概念；在不断的讨论、分享过程中，幼儿学习倾听和表达自我，获得了语言能力与社交能力的发展。

通过这次活动，我也有了新的认识。起初，我认为只要支持幼儿解决问题，便是在促进幼儿的深度学习，但在一轮轮的行动中，我发现培养幼儿的问题意识十分重要。因为只有幼儿有了问题意识，才能产生自主解决问题的内在动机，从而进行持续的思考与探究。

我也一直在思考：在持续的合作游戏中，幼儿时常难以朝着共同的目标前进，当这些时刻出现时，我们是否有足够的耐心等待，足够的慧心识别，足够的信心捕捉教育契机呢？我想这也是我今后努力的方向。

四、分析与启发

每个幼儿都自带无限的天赋，他们将如何发展，很大程度上取决于所处的环境以及他们所获得的学习机会。建构游戏是幼儿园室内外每天都在进行的游戏活动，幼儿乐此不疲，具备引发深度学习的潜质，如问题导向、结果反馈、生活经验迁移、创造与重构等。该案例是一个典型的富含深度学习情节的建构游戏故事，充分地回答了教师所提出的问题——当主题活动已经点燃幼儿的探究热情时，如何让他们的探究热情燃烧得更加热烈？

在该案例中，幼儿对“搭建幼儿园”已然产生了浓厚的兴趣，但是如何将这个兴趣转化为具有价值的一段持续的探索？幼儿园是幼儿熟悉且有一定规模的地方，这个前提决定了这次搭建是有目的、有难度、有深度的过程。在整个过程中，教师巧妙地设计了问题链，引导幼儿从最初的自由搭建走向有目的、有深度的探索。“关键点”“卡壳点”“迁移点”，清晰地向我们展示了在幼儿自主游戏过程中教师应该关注的问题。

“关键点”代表游戏中幼儿发现的问题和遇到的挑战，是深度学习的起点。在该案例中，幼儿在搭建凉亭时遇到了一系列问题，如凉亭太矮可能会碰头，转弯处结构不稳，长廊漏水。这些问题并非由教师直接指出，而是幼儿基于现实生活经验主动发现的。教师敏锐地捕捉到这些问题背后的教育价值，提出引导性问题："怎样才能让凉亭变高?""如果下雨了，长廊漏水怎么办?"这些问题既真实又具有挑战性，能够有效驱动幼儿进入深层次的探索。"关键点"让幼儿意识到建构并不只是"搭起来"，还要考虑实用性和美观性，从而推动他们思考建构作品结构的合理性与功能性。

"卡壳点"指幼儿在探索过程中遇到的瓶颈或困难，是深度学习中不可或缺的环节。在该案例中，幼儿在凉亭加高、长廊转弯和防漏水问题上都遇到了"卡壳点"：幼儿尝试用延伸顶部或加高支柱的方法加高凉亭，却因为支撑不稳而失败；幼儿使用的木板厚薄不一，导致转弯处无法平整连接；幼儿尝试用海绵填补缝隙解决漏水问题，结果因海绵吸水后变重压垮了支柱。面对这些困难，教师没有急于介入，而是巧妙地"退后一步"，鼓励幼儿复盘失败的原因，激发他们再次尝试。教师提出类似"怎样才能让凉亭变得又高又牢固?""怎样才能让我们搭建的路灯变得好看呢?"这样的问题，引导幼儿自主分析原因并寻找解决方案。这种支持策略能帮助幼儿理解失败是探索过程中的正常现象，培养了他们遇事不怕困难、坚持克服困难的学习品质。在不断试错和改进中，幼儿不仅解决了实际问题，还提升了逻辑思维能力和问题解决能力。

"迁移点"是指幼儿能够将已有的生活经验或游戏经验应用到新情境中，体现了深度学习中知识的迁移与运用。在该案例中，教师有效利用了幼儿对幼儿园日常环境的熟悉度，引导他们将生活经验运用到搭建过程中，解决"卡壳点"。幼儿在重新观察幼儿园长廊结构时，发现现实中的长廊支柱高度一致且顶部平整。这一认识促使他们在游戏中调整建构方法，如用同等高度的积木作支撑，最终成功解决了漏水问题。当幼儿讨论路灯设计时，琳琳提出："每个路灯都不一样，不好看。”在教师的引导下，幼儿回忆起生活中路灯的排列特点，最终决定采用规律排列的方法，使搭建作品既美观又实用。经验的迁移与运用让幼儿的学习不仅停留在游戏场域内，而且也能够应用于现实生活，真正实现了知识的内化和综合运用。

从该案例中我们可以总结出，要实现高质量的建构游戏并促进幼儿的深度学习，教师应关注以下几个关键要点：①选取幼儿熟悉且感兴趣的主题，使幼儿的情感投入度、坚持性更高；②探究过程中蕴含的问题链应具有一定难度，能激发幼儿持续探究，同时具备解决的可行性；③有足够的耐心，允许幼儿失败、反思和修正，让他们在自主探索中积累经验；④鼓励幼儿通过沟通和讨论共同解决问题，培养其社交能力与团队合作精神；⑤引导幼儿将建构过程中遇到的问题与生活经验联系起来，实现知识经验的迁移和扩展；⑥引导幼儿注重搭建作品的结构稳定性和美观性，提高幼儿的审美意识和建构能力。

（案例提供：广州市第二幼儿园　梁文欣）

种植玉米

案例导读

种植玉米——从一粒种子到持续探究

细微如一粒玉米种子，也足以引发一场持久的探究。从干了的玉米种子还能不能发芽，到如何制作耐用的标志牌，在教师的鼓励和引导下，幼儿在真实的情境中不断提出问题，设计实验，观察记录，分析讨论，经历了完整的科学探究过程，幼儿的团队合作能力、批判性思维能力和问题解决能力在这个过程中得以发展。同时，在持续的观察与反思中，幼儿自主建构了关于植物生长的知识，更表现出了高度的耐心和责任心。

一、故事的生成

种植活动是幼儿园常见的活动形式。种植可以让幼儿了解植物生长过程中的神奇变化，获得很多有关种植的经验，让幼儿从小有一颗热爱生命和热爱大自然的心，还可以让幼儿亲自体验翻土、播种、浇水、施肥、除草等一切力所能及的劳动，从而培养他们热爱劳动、珍惜劳动成果的品质。

秋季新学期的种植活动即将开始了，这学期种什么植物好呢？经过热烈的讨论，幼儿选择了可以蒸着吃，煮着吃，还可以做成爆米花的玉米。他们提出了一系列问题："种玉米从哪一步开始？""需要准备什么工具？"……幼儿热情高涨地讨论着，一场"种植玉米"的探索之旅就这样开始了。

二、故事的发展

1. 种玉米种子

“种玉米我们要先做什么呢?” “要先松土，我们可以用锄头。” “还可以用铲子!”于是，幼儿在工具房里找来了锄头和铲子，来到青苗圃开始松土。

很快，幼儿发现干巴巴的土并不好松。“有没有办法能让土变得松软一点呢?”我问道。通过讨论，承远找到了方法：“我们浇点水，把土弄湿吧!”接着，几名幼儿一起拿水壶装水，浇到土上。果然，不一会儿就把土松好了。

我问道："松好土后该做什么呢？"幼儿纷纷表达自己的想法。"要把土弄成一条一条的，要不种子都挤到一起了。""种子放下去的时候还要一粒一粒分开。"于是，幼儿用锄头把土弄成一行一行的，把种子分散撒在凹下去的土坑里，又把种子埋好，不让它们露出来，然后又浇了些水。

经历了小班和中班的种植活动，大班幼儿积累了一些种植方面的知识和经验。在发现土很干、不易松土时，幼儿想到了用水把土弄湿的方法。他们一起寻找工具，通过商量和合作完成了松土、挖坑、播种、埋土、浇水这整个种植的过程。

2. 发现干了的玉米种子

玉米种子种好了，幼儿开始期待种子发芽。一个星期过去了，我和幼儿满怀期待地来到了青苗圃。呀！玉米种子发芽了，它们从泥土里努力地钻出来，冒出了绿色的尖尖。幼儿开心极了，围着小芽转来转去。突然幼儿有了新的发现："咦！怎么有一粒露出来的玉米种子呢？它看上去又干又蔫。"

"可能是种的时候没有埋好。""可能是被风吹出来了。""它没有被土埋着，肯定发不了芽了。""这粒玉米种子都干了，不能发芽了。"幼儿有些失望地看着这粒玉米种子。

遇到问题，幼儿会怎么解决呢？抱着这样的好奇，我继续倾听着幼儿的讨论。只听言言说：“我们再试一下，把它重新种回去，看看还能不能发芽吧。”言言的想法引起了其他幼儿的兴趣，大家纷纷说：“可以，可以，我们试一试吧！”“那你们试一试吧！”我说道。面对勇于尝试和探索的幼儿，我必须给予支持。

“但是种回去之后，我们怎么知道长出来的就是这粒种子呢？”我疑惑地问。“我们可以给它做个标志牌啊！”“我们用什么材料制作标志牌呢？”“要怎么做呢？”“在纸上面画个叉，表示不能碰，然后剪下来插在泥土里面。”“可以做个铁的标志。”“我们回教室里找一找材料，一起尝试制作标志牌吧！”幼儿之间相互交流着。

3. 制作标志牌

幼儿回到教室后，开始寻找制作标志牌的材料。“我找到了，可以用这个小木棒来做。”“这根纸棒够硬，可以用它来做。”“可以在小木勺上画个叉，告诉别人不能碰。”他们有的拿小木棒，有的拿小木勺，有的拿小纸杯，然后开始画画、剪剪、贴贴。从幼儿那股认真劲儿可以看出，他们解决这个问题的热情度特别高。

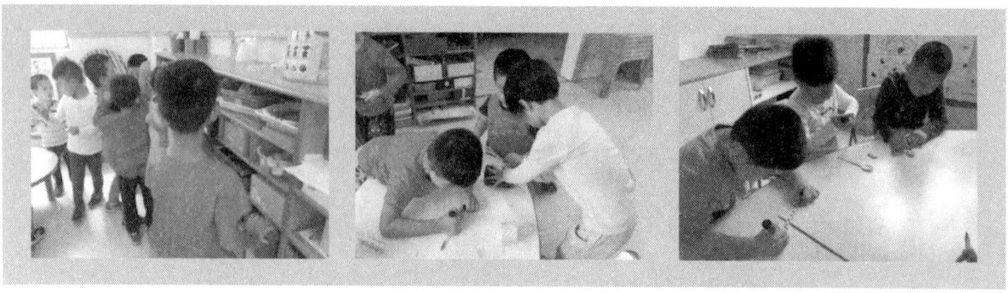

小熊用勺子顶着一个杯子，做出了一个标志牌。“但是，风一吹是不是容易掉呢?”小熊自言自语道。然后他在教室里走来走去，像是在寻求帮助。我走过去，在他耳边轻轻地说：“小熊，你是想要固定这个标志吗?”小熊点点头。我接着说：“你可以去看看其他小朋友有什么好方法。”听了我的建议，小熊仔细地观察着其他幼儿是怎样把两个材料固定起来的。当他看到了晓晗用相同材料制作的标志牌后，恍然大悟地说：“哦！用透明胶贴一下就稳了。”

为玉米种子制作标志牌源于幼儿自发的想法，因此他们参与的

积极性很高。他们在教室的美工区非常积极地寻找材料，用自己的方法制作标志牌。当发现同伴找到了比较适合的材料时，他们也会尝试进行模仿。在制作过程中，幼儿还能想到自己制作的标志牌的不足之处，并想办法进行改进。就这样，大家的标志牌都做好了。

4. 补种玉米种子

带着做好的标志牌，幼儿再次回到青苗圃，准备把干了的玉米种子重新种下去。他们迅速找来了锄头和铲子，想要挖个土坑。“泥土太干了，要浇浇水才行！”之颖立刻跑去拿小水壶，装满了一壶水，把水均匀地浇在土上。柏毅拿着锄头，在泥土里挖了个坑，把玉米种子放进去，又用土盖上。陶然说：“我们把标志牌围在种子旁边吧。”接着幼儿陆续地把自己做好的标志牌插在了这粒玉米种子周围。用小木棒做标志牌的幼儿很快就把标志牌插好了，可言言和浚涵还在为插标志牌伤脑筋。言言：“我们做的标志牌太粗了，我们的力气不够大，好难插啊！”浚涵：“老师，你能帮帮我们吗？”我拿着他们用粗纸筒做的标志牌，在土上用力一压，把标志牌插进了土里。言言跳着说：“成功啦！”

在离开青苗圃的路上，奕栋突然说：“那些纸的标志牌会弄湿吗？”奕栋的疑问引发了幼儿和我的思考。我接着说：“那我们就继续观察观察，过几天再来看看吧！”

5. 升级标志牌

一个星期又过去了，我们再次来到青苗圃，发现第二次种下去的种子也发芽啦！

幼儿看着青苗圃里的标志牌问道："为什么有些标志牌烂掉了？"梓未说："还是我的标志牌最结实。"承远说："我的也没烂，也很结实。"

小熊站在一边没有吭声，因为他用纸杯做的标志牌已经有点变形了。面对这个状况，他有点失落。我向他提议："我们一起看看其他小朋友的标志牌是用什么做的吧！"

"我用的是木棒！""我用的是勺子，也是木头做的。"我问："那

为什么用纸杯做的标志牌变形了呢?”幼儿七嘴八舌地说:“是被风吹扁的吧?”“是被挤扁的吧?”“我知道,是被雨淋湿的。”“是的,就像纸巾一样,纸杯打湿后容易烂掉。”我接着问:“那这个用纸筒做的标志牌为什么不会变形呢?它也是纸啊。”盛烨说:“它很厚,还很硬呢。”奕栋说:“前几天下了小雨,纸杯薄,就变形了。纸筒很厚,它不怕,但如果下大雨就不行啦。”

及时的追随、适当的引导是幼儿进行持续探究、深度学习的关键,驱动型的问题能充分调动幼儿的智慧和力量。于是我问道:“那什么材料适合制作户外的标志牌?”在我的引导下,大家决定在幼儿园里找一找,看看幼儿园户外的标志牌都是用什么材料制作的。

观察了幼儿园的标志牌后，幼儿展开了讨论。

熙雯："我发现木头适合做户外的标志牌。"

奕栋："但木头长期泡在水里也会烂掉啊！"

教师："那你们觉得放在户外的这些木头会经常被水泡着吗？"

承远："不会的，只是下雨的时候有水，太阳出来晒一晒就干了。"

浚涵："我发现塑料、铁都可以用来做标志牌。"

奕栋："铁也会生锈啊！"

轩恺："涂上防锈漆就行了。"

奕栋："什么是防锈漆？"

祥祥："就是防止铁生锈的油漆。"

部分幼儿知识面很广，知道很多生活常识，也掌握不少科学小知识。当幼儿有不懂的问题时，他们不退缩，也不畏惧，而是通过讨论相互学习，相互帮助。

纸湿水会烂，木头和铁泡久了分别会腐烂、生锈，那到底什么材料适合制作户外的标志牌呢？我请幼儿带着问题回家请教爸爸妈妈，和他们一起寻找答案。过了几天，幼儿带回了一份份调查记录表，在早餐后、午饭前，幼儿拿着自己找到的答案相互分享，铝板、不锈钢板、镀锌板、防腐木……一连串的新名词不断涌现，还时不时地有幼儿跑来跟我说："老师，昨天我在公园里看到那里的椅子是用木头做的。""我看到马路边的车站牌是用不锈钢做的。""我家小区的垃圾筒是用塑料做的。"……"惊人"的发现不断涌现。

基于幼儿的发现，标志牌也有了新的调整方案。由于幼儿园里防水的材料不多，于是他们从家里收集了各种各样的材料带到了幼儿园，有塑料板、塑料勺子、矿泉水瓶、易拉罐、塑料瓶盖、小木片、泡沫球、奶粉罐上面的铁盖子等。就这样，2.0 版本的标志牌一个个地完成了。

三、教师反思

这个秋天，由一粒玉米种子引发了一系列有趣的故事，从种植玉米到了解户外标志牌的材质，都是源自幼儿自发的、自主的探索，整个探索过程以“问题—体验—探究—获得经验”这一螺旋上升的深度学习模式循环往复。在制作标志牌的过程中，幼儿从一开始无意识地选择制作标志牌的材料，到因标志牌被雨水淋坏从而主动探索、调整制作标志牌的材料，凸显了幼儿的自主性和主动性。在探索的过程中，他们不仅运用了已有的经验，还迁移运用了新经验，他们的问题解决能力、动手操作能力、合作交往能力、表达表征能力以及创造性思维等高阶思维能力都有了提升，同时他们也在探索中获得了乐趣。

而我在整个过程中充当了支持者的角色。我追随幼儿种植玉米的兴趣，适时地抛出问题，并敏感地捕捉需要共同探讨的话题，关注他们的真实感受，观察他们的行为，倾听他们的想法，然后尽可能地给予他们支持与引导，为幼儿搭建深度学习的支架。如当幼儿提出想把露在泥土外面干了的玉米种子重新种回去时，我支持幼儿按照自己的想法试一试。

种植活动后，幼儿对种子依然有着强烈的兴趣，于是我们班级活动室的一角逐步变成了“种子发芽大探秘”的探索区域。幼儿把种子埋到泥土里，泡进水里，关进“黑屋”里……各种奇怪的小实验层出不穷，他们每天观察着、发现着、分享着，乐此不疲。幼儿延续着自己的兴趣，继续在“真”环境中发现“真”问题，在“真”实验中探究“真”结果，我想这就是深度学习的意义所在。

四、分析与启发

该案例围绕幼儿在青苗圃中种植玉米的过程展开，案例中有两个核心问题：第一个是干了的玉米种子还能不能发芽；第二个是如何制作耐用的户外标志牌。这两个问题均源自幼儿的真实体验和探索需求，充分体现了深度学习的现实情境性与学习动机的内在驱动性。这种从幼儿生活经验出发的问题驱动模式，使幼儿的学习具有现实意义，并能促进幼儿的认知深度发展。同时，这两个问题都蕴含着有价值的学习，并且可以被迁移到其他场景。如，第一个问题涉及育种的条件，包括有生命力的种子、光照、土壤、空气和水。在这些经验中，有些是在幼儿的已有经验之内的，如幼儿凭直觉认为种子应该被埋进土里，并且需要浇水；而有些是不在他们的已有经验之内的，如他们不知道干了的玉米种子是不是有生命力的种子。教师准确地把握幼儿已有经验与未知经验之间的距离，才能更自如地生成支架式的教育活动。案例中的教师支持幼儿试着将“存疑”的玉米种子重新种到土里，除此之外，师幼还可以收集更多干掉的种子，尝试种种看，以此证实推断，形成更理性的认识，一步步扩充幼儿的经验。对于制作标志牌也是同理。在幼儿发现问题之后，教师引导他们通过观察生活中常见标志牌的材质，发现了“防水”这个特性，此处，也可以引入更多的探索活动。除了寻找成品，也可以通过溶解实验来夯实新获得的经验，因为即便是同样遇水会溶解的纸制品，它们的溶解速度也并不一致。一些读物中也会涉及这些道理。借助更多的资源和活动可以将探究活动继续延展下去。

（案例提供：广州市第一幼儿园　黄少仪）

后　记

本书的编写历程是一场充满探索与收获的旅程。当你合上这本书时，也许仍会被那些真实的瞬间所打动。

当今世界的变化远超我们的想象，人工智能、信息技术的革新正在重塑社会结构，未来社会所需要的是能够主动思考、发现问题、解决问题的人，而这正是深度学习存在的意义——让幼儿在真实的生活情境中，通过探索、反思和建构，形成有意义的理解，培养终身学习的习惯与能力。深度学习的发生离不开教师的支持，它并不是简单地让幼儿“玩”，也不是机械地完成教学任务，它需要教师精心设计情境，倾听幼儿的提问，提供恰到好处的支持。当幼儿的探究遭遇瓶颈时，教师如何引导幼儿继续深入？如何在游戏与学习之间找到平衡？如何在幼儿的兴趣与课程目标之间搭建桥梁？……教师的每一个举动都影响着幼儿学习的方向和深度。然而，引导幼儿深度学习并没有一个固定的模式，无法通过单纯的理论学习或简单的教学指南来完全掌握，而是需要通过实践、观察、反思和不断调整来实现。因此，案例学习对教师来说尤为重要。理论可以提供方向，但真正的成长来自对实际教学的观察、反思与实践应用。

教师的成长路径与幼儿的学习过程有异曲同工之妙。正如幼儿的学习需要真实情境，教师的成长同样离不开真实的教学案例。本书收录的案例，正是教师学习的宝贵资源。它们不仅展示了深度学习如何在幼儿园一日生活中自然发生，更揭示了教师在支持幼儿深度学习过程中的关键策略——如何抓住驱动性问题，如何尊重幼儿的探索节奏，如何在适当的时机给予挑战，如何在一日生活中创造有意义的学习契机，如何促成幼儿的认知与社会性发展。案例学习的价值在于，它能够让教师“走进”不同的现场，看到同样的问题在不同的情境下如何被解决，感受不同教师在面对幼儿探究时的思考路径，理解哪些策略能够有效支持幼儿的学习，领会不同的教育方式背后相通的深度学习原理。这些真实的教育故事，构成了教师学习的“活教材”，不仅能帮助教师拓宽视野，也能激发他们创新教学实践。

这本书的诞生，离不开许多人的辛勤付出与无私帮助。在此，我们要向所有为本书的出版贡献智慧和力量的人表示衷心的感谢！

首先，要特别感谢杨阳编辑。从最初的构思到最终的成书，杨阳编辑始终以专业的态度和敏锐的洞察力，为本书的出版提供了宝贵的建议和指导。她的耐心与细致，确保了本书的每一个细节都得到了精心的打磨。没有她的支持与帮助，这本书不可能顺利地完成。

其次，要感谢在组稿过程中参与案例分析点评的各位专家，她们是叶平枝、冯婉桢、王秋、单欣欣、王欣欣、高美霞、王亚杰、黄菲（排名不分先后）。她们的专业见解和深刻分析，不仅为书中的案例增添了深度，也为读者提供了宝贵的参考和启发。她们贡献的智慧与经验，使得本书的内容更加丰富、更具学术价值。

最后，也是最重要的，要感谢所有贡献案例的一线的幼儿教师。正是因为教师们敏锐的观察、耐心的引导和充满创意的实践，才能让深度学习在幼儿园里真实发生。她们的实践经验和真实记录，构成了本书的核心内容。同时，正是因为她们的辛勤工作和对幼儿教育的热情，激励我们将这些宝贵的案例呈现给更多的读者。

这本书的出版，不是终点，而是新的开始。我们希望，它能成为教育者学习与交流的平台，让更多教师从案例中获得启发，并在自己的教学实践中大胆尝试、不断创新。同时，我们也期待更多的一线教师能够分享自己的实践经验，共同推动幼儿深度学习的研究与发展。

教育的价值在于培养会思考、会解决问题、有能力面对未来的终身学习者。愿每一位教师都能在案例学习的过程中得到自我提升，让每一名幼儿都能在深度学习的滋养下收获面向未来的能力。

出 版 人　郑豪杰
策划编辑　赵建明
责任编辑　杨　阳
版式设计　郝晓红
责任校对　贾静芳
责任印制　李孟晓

图书在版编目（CIP）数据

幼儿深度学习的典型案例分析 / 覃文希，刘宁主编 ；黄菲，耿世恺副主编. -- 北京 ：教育科学出版社，2024. 12. --（幼儿深度学习 ：面向未来的学前教育丛书）. -- ISBN 978-7-5191-4201-8

Ⅰ. G612

中国国家版本馆 CIP 数据核字第 20243LY444 号

幼儿深度学习——面向未来的学前教育丛书
幼儿深度学习的典型案例分析
YOU'ER SHENDU XUEXI DE DIANXING ANLI FENXI

出版发行	教育科学出版社		
社　　址	北京·朝阳区安慧北里安园甲 9 号	**邮　　编**	100101
总编室电话	010-64981290	**编辑部电话**	010-64989430
出版部电话	010-64989487	**市场部电话**	010-64989572
传　　真	010-64989419	**网　　址**	http://www.esph.com.cn
经　　销	各地新华书店		
制　　作	北京金奥都图文制作中心		
印　　刷	保定市中画美凯印刷有限公司		
开　　本	720 毫米×1020 毫米　1/16	**版　　次**	2024 年 12 月第 1 版
印　　张	10. 75	**印　　次**	2024 年 12 月第 1 次印刷
字　　数	145 千	**定　　价**	40. 00 元

图书出现印装质量问题，本社负责调换。